Quaderni del PLIDA

L'italiano scritto parlato certificato

A cura del gruppo PLIDA: Daniele D'Aguanno, Silvia Giugni, Costanza Menzinger
Responsabile scientifico: Giuseppe Patota

Con la collaborazione di Lucilla Pizzoli
Esercitazioni a cura di: Roberto Aiello, Anita Lorenzotti

Responsabile editoriale: Ciro Massimo Naddeo
Redazione: Carlo Guastalla, Euridice Orlandino, Chiara Sandri
Copertina: Sergio Segoloni, McCann Erickson
Grafica: Andrea Caponecchia
Impaginazione: Simone Montozzi

©2010 ALMA Edizioni – Firenze
Printed in Italy
ISBN 978-88-6182-128-6
prima edizione: febbraio 2010

L'editore è a disposizione degli aventi diritto per eventuali mancanze o inesattezze.
I diritti di traduzione, di memorizzazione elettronica, di riproduzione e di adattamento totale o parziale, con qualsiasi mezzo (compresi i microfilm e le copie fotostatiche), sono riservati per tutti i Paesi.

ALMA Edizioni
viale dei Cadorna, 44
50129 Firenze
alma@almaedizioni.it
www.almaedizioni.it

INDICE

	pag.
Prefazione	6
Presentazione	7

La certificazione PLIDA — 9

Sezione 1 - Il PLIDA — 10
- Che cos'è il PLIDA? — 10
- A chi è destinato il PLIDA? — 11
- Perché fare gli esami del PLIDA? — 11
- Dove fare gli esami PLIDA? — 11

Sezione 2 - Il livello C2 — 13

Sezione 3 - Un percorso per l'esame — 15
- 1. Qualche suggerimento per prepararsi — 15
- 2. Suggerimenti per gli insegnanti — 21

Sezione 4 - Le prove d'esame — 22

Sezione 5 - Come sono valutate le prove d'esame — 24

Esercitazioni didattiche — 29

Prove d'esame C2 — 65

Prima prova d'esame C2 — 67
- Ascoltare — 67
- Leggere — 71
- Scrivere — 78

Seconda prova d'esame C2 — 84
- Ascoltare — 84
- Leggere — 88
- Scrivere — 95

Prova orale C2 — 100

Soluzioni delle prove d'esame — 103

Chiavi delle esercitazioni didattiche — 104

PREFAZIONE

Nell'ambito della proficua e continua attività didattica svolta dalla Società Dante Alighieri per promuovere l'insegnamento/apprendimento della lingua italiana, ritengo che l'accordo siglato con Alma Edizioni costituisca una tappa importante e un altro segnale del profondo rinnovamento della "Dante", cui partecipano con interesse e impegno i nostri Comitati sia in Italia che all'estero.

In un periodo in cui i flussi migratori risultano notevolmente aumentati e in cui sono sempre più numerosi gli stranieri che vengono in Italia in cerca di lavoro e di favorevoli opportunità professionali, la conoscenza della lingua italiana è ormai divenuto un requisito imprescindibile per un più agevole inserimento nella complessa società del nostro Paese.

La "Dante", che da tempo ha scelto di intraprendere la strada della formazione degli immigrati nei rispettivi luoghi di partenza, accanto all'impegno, sempre perseguito, di promuovere e diffondere la lingua italiana nel mondo, ritiene dunque fondamentale offrire agli insegnanti di lingua italiana come lingua straniera, materiali didattici tradizionali e multimediali idonei, rinnovati nella grafica e aggiornati nei contenuti, al fine di venire incontro alle esigenze degli apprendenti, oltre che naturalmente degli stessi docenti.

L'intesa tra Società Dante Alighieri e Alma Edizioni rappresenta un altro piccolo contributo offerto all'immigrazione, uno dei più intensi e a volte problematici fenomeni del nostro tempo, nell'auspicio che l'Italia si confermi sempre Paese accogliente, aperto e consapevole del valore di una condivisione culturale, sociale, politica e linguistica con chi viene a lavorare da noi.

Il Presidente della Società Dante Alighieri
Ambasciatore Bruno Bottai

PRESENTAZIONE

L'italiano, lingua di una piccola comunità portatrice di una grande cultura, è in crescita in tutto il mondo. Due, in particolare, sono i segni del suo successo come lingua di studio (e ormai anche di lavoro): da una parte, è aumentata la quantità, migliorata la qualità e si è diversificata la modalità di somministrazione degli strumenti didattici utili al suo apprendimento; dall'altra, è più forte e diffusa la richiesta di un suo insegnamento qualificato e certificato.

Con questi *Quaderni*, il PLIDA ha inteso cogliere entrambi i segni di cui si è appena detto e offrire così a chi studia l'italiano uno strumento che aiuti a impararlo e, contemporaneamente, a prepararsi a un esame che ne certifichi il dominio.

I *Quaderni* del PLIDA sono sei volumetti - uno per ciascuno dei livelli in cui è articolata la certificazione PLIDA: A1, A2, B1, B2, C1, C2 - che vogliono essere uno strumento semplice, pratico e affidabile da offrire a chiunque voglia cimentarsi in una prova d'esame PLIDA di un determinato livello.

Ogni volume si apre con una sintetica presentazione della certificazione PLIDA e continua con l'illustrazione di cosa bisogna "sapere" e di cosa bisogna "saper fare" per superare le prove di livello di ciascuna della quattro abilità (Ascoltare, Leggere, Parlare e Scrivere). All'indicazione di questi contenuti segue un percorso verso l'esame che si apre con una serie di esercitazioni didattiche, con chiavi, relative al livello di certificazione e si chiude con la presentazione delle prove scritte di alcune certificazioni passate, corredate di chiavi.

Questa nostra piccola impresa è stata realizzata in collaborazione con una grande Casa Editrice, presente in tutto il mondo con materiali didattici di altissima qualità, e grazie all'impegno di molte persone: Roberto Aiello, Daniele D'Aguanno, Silvia Giugni, Costanza Menzinger, Massimo Naddeo e Lucilla Pizzoli. Ringrazio tutti costoro di cuore.

Ai futuri candidati agli esami del PLIDA, principali destinatari di questo *Quaderno*, e alle Colleghe e ai Colleghi che li accompagneranno nel loro cammino verso l'esame, rivolgo la preghiera di farci arrivare suggerimenti, critiche e proposte che consentano di migliorare una sua prossima edizione: un libro è fatto di parole, e le parole possono cambiare. Proprio come è cambiata, e tuttora cambia, la lingua che tanto amiamo.

Giuseppe Patota
Responsabile Scientifico del PLIDA

la certificazione PLIDA

la certificazione PLIDA

SEZIONE 1 – IL PLIDA

Che cos'è il PLIDA?

Il PLIDA (Progetto Lingua Italiana Dante Alighieri) è un diploma di certificazione rilasciato dalla Società Dante Alighieri in base ad una convenzione con il Ministero degli Affari Esteri. Esso attesta la competenza in italiano come lingua straniera secondo una scala di sei livelli, che rappresentano altrettante fasi del percorso di apprendimento della lingua. I sei livelli del PLIDA vanno da A1 a C2 in progressione di difficoltà, e corrispondono ai livelli del *Quadro comune europeo di riferimento per le lingue* del Consiglio d'Europa[1].

Italiano elementare	PLIDA A1	= A1 *QCE* (Contatto)
	PLIDA A2	= A2 *QCE* (Sopravvivenza)
Italiano intermedio	PLIDA B1	= B1 *QCE* (Soglia)
	PLIDA B2	= B2 *QCE* (Progresso)
Italiano avanzato	PLIDA C1	= C1 *QCE* (Efficacia)
	PLIDA C2	= C2 *QCE* (Padronanza)

Riconoscimenti

La certificazione di competenza in lingua italiana PLIDA è una delle quattro ufficialmente riconosciute dal Ministero degli Affari Esteri della Repubblica italiana in base alla Convenzione n. 1903 del 4 novembre 1993. Il PLIDA è riconosciuto anche dal Ministero del Lavoro e delle Politiche Sociali (decreto 18/10/2002) e dal Ministero dell'Università e della Ricerca come titolo per l'immatricolazione universitaria a condizioni agevolate degli studenti stranieri (prot. n. 1906 del 9 ottobre 2006). Il PLIDA opera inoltre in base ad una convenzione con l'Università "La Sapienza" di Roma (29/06/2004) che rilascia un plauso scientifico alla certificazione.

A chi è destinato il PLIDA?

Il PLIDA è un esame per tutte le persone di madrelingua diversa dall'italiano che vogliono sapere qual è il proprio grado di conoscenza e uso della lingua italiana e ottenere un riconoscimento ufficiale. Per iscriversi agli esami non sono fissati limiti di età. Puoi scegliere il livello al quale presentarti e non è necessario avere superato i livelli inferiori (puoi iscriverti al B2 senza avere fatto prima l'A2 o il B1).

---

[1] *Common European Framework for Languages: Learning, Teaching, Assessment*, Strasbourg, Council of Europe, 2001, trad.it. *Quadro comune europeo di riferimento per le lingue: apprendimento, insegnamento, valutazione*, Milano, La Nuova Italia-Oxford, 2002, (pp. 27-53).

Perché fare gli esami PLIDA?

- Per darti un obiettivo: molto spesso è utile avere una meta per proseguire nello studio. Lo stimolo di un esame e di un riconoscimento esterno può dare un impulso in più alla motivazione a studiare una lingua.
- Per documentare la tua conoscenza: oggi è sempre più importante poter dimostrare, attraverso riconoscimenti ufficiali, le competenze di cui si è in possesso.
- Per iscriverti all'università: dal livello B2, il certificato PLIDA permette agli studenti stranieri di iscriversi alle università italiane a condizioni agevolate.
- Per avere un supporto nella ricerca di un lavoro: un certificato ufficiale che documenta il livello di competenza in lingua italiana può costituire un elemento importante se devi usare la lingua a fini di lavoro.

Dove fare gli esami PLIDA?

I Centri certificatori PLIDA si trovano nei Paesi e nelle località sotto elencate:

AMERICHE

Argentina (49): Bahía Blanca, Bell Ville, Buenos Aires, Campana, Carcarañá, Carlos Casares, Cipolletti, Concordia, Córdoba, Correa, El Palomar, Esperanza, General S. Martín, La Falda, La Plata, La Rioja, Las Rosas, Lomas de Zamora, Mar del Plata, Mendoza, Merlo, Monte Caseros, Morón, Necochea, Paraná, Posadas, Rafaela, Ramos Mejía, Río Cuarto, Rosario, Salta, San Carlos de Bariloche, San Francisco, San Isidro, San Jorge, San Justo, San Luis, San Martín de Los Andes, San Martín y Tres de Febrero, Santa Fe, Tafi Viejo, Tandil, Tigre, Totoras, Tucumán, Vicente López, Viedma, Villa Carlos Paz, Villa María, Villa Mercedes
Bolivia (1): Santa Cruz de la Sierra
Brasile (5): Curitiba, Nova Friburgo, Recife, Salvador de Bahia, San Paolo-Campinhas
Canada (1): Québec
Cile (2): Antofagasta, Santiago
Colombia (2): Bogotá, Cali
Costa Rica (1): San José
Cuba (1): L'Avana
Ecuador (1): Quito
Guatemala (1): Città di Guatemala
Messico (6): Aguascalientes, Città del Messico, Guadalajara, León, Monterrey, Tlaxcala
Paraguay (1): Asunción
Perù (1): Arequipa
Stati Uniti d'America (2): Gainesville, Miami
Uruguay (1): Montevideo

la certificazione PLIDA

EUROPA

Albania (1): Tirana
Austria (3): Graz, Salisburgo, Vienna
Belgio (2): Charleroi, Liegi
Bielorussia (1): Minsk
Bosnia Erzegovina (1): Sarajevo
Bulgaria (1): Sofia
Cipro (1): Nicosia
Croazia (3): Fiume, Spalato, Zagabria
Estonia (1): Tallin**
Ex Repubblica Jugoslava di Macedonia (1): Skopje
Federazione Russa (3): Ekaterinburg, Mosca, Rostov sul Don
Francia (9): Bastia, Chambéry, Lione, Modane, Montauban, Montpellier, Parigi, Perpignan, Sète
Georgia (1): Tbilisi
Germania (1): Norimberga
Grecia (2): Atene, Salonicco
Islanda (1): Reykjavík**
Italia (33): Bacoli, Bari, Benevento, Bolzano, CTP Bussolengo, Campobasso, Cesena, Chieti, Cosenza, Crotone, Fabriano, Firenze, Foggia, CTP Gallarate, Genova, Gorizia, L'Aquila, La Spezia, Milano, Mondavio, Napoli, Palermo, Pescara, Reggio Calabria (Università per stranieri "Dante Alighieri"), Roma, Rovigo, CTP Sesto S. Giovanni, Siena, Siracusa, Terni, CTP Trieste, Venezia, Verona (Istituto tecnico statale per periti aziendali e corrispondenti in lingue estere "Luigi Einaudi"), Vibo Valentia
Kazakhistan(1): Almaty
Malta (1): La Valletta
Montenegro (2): Cattaro, Ulcinj
Moldova (1): Chişinău
Norvegia (1): Oslo*, Trondheim
Paesi Bassi (2): Leida e L'Aia, Re. Mi. Limburgo
Polonia (3): Chorzów, Katowice, Varsavia
Regno Unito (1): Manchester**
Repubblica Ceca (1): Praga
Romania (1): Suceava
Serbia (1): Niš**
Slovacchia (1): Košice
Spagna (6): Granada**, Málaga, Murcia, Oviedo, Saragozza, Siviglia
Svizzera (10): Berna, Bienne, Canton Vallese, Friburgo, Ginevra, Lugano, Neuchatel, San Gallo, Winterthur, Zurigo
Turchia (1): Istanbul
Ucraina (2): Kiev*, Odessa

*Centri Certificatori presso gli Istituti di Cultura
**Centri Certificatori presso i Centri linguistici universitari

MEDITERRANEO E MEDIO ORIENTE

Giordania (1): Amman
Israele (2): Haifa, Gerusalemme
Territori dell'autonomia palestinese (1): Betlemme
Marocco (1): Casablanca
Tunisia (1): Tunisi

ASIA E OCEANIA

Australia (2): Brisbane, Sydney
Filippine (1): Manila
Giappone (2): Osaka, Tokyo
Nuova Zelanda (1): Christchurch
Repubblica Popolare Cinese (2): Hong Kong, Pechino
Vietnam (1): Hanoi

*Per consultare l'elenco aggiornato dei centri certificatori,
consulta sul sito www.ladante.it la pagina del PLIDA.*

SEZIONE 2 – IL LIVELLO C2

Il livello C2 ti garantisce una competenza linguistica alta, paragonabile a quella di un madrelingua di buona cultura e utilizzabile in tutti gli ambiti professionali. È il livello previsto per assumere incarichi professionali di alta qualificazione.

Al livello PLIDA C2 dovrai essere capace di:

Competenze pragmatiche
• Comprendere discorsi in italiano parlato colloquiale a velocità naturale sia dal vivo sia da una registrazione • Riconoscere velocemente le informazioni che più servono in un qualsiasi tipo di testo • Comprendere un'ampia gamma di testi lunghi e complessi relativi alla vita sociale, identificando particolari minori (atteggiamenti e opinioni espliciti o impliciti) • Comprendere e interpretare in modo critico le forme del linguaggio letterario

e, in generale, umanistico (filosofico, sociologico, antropologico, ecc.), cogliendo le differenze di stile e i significati impliciti • Comprendere un testo giuridico • Comprendere istruzioni lunghe e complesse relative al funzionamento di un macchinario o di una procedura legale o burocratica • Comprendere un testo d'argomento scientifico o medico • Comprendere un qualsiasi discorso di un italiano madrelingua in una varietà regionale settentrionale • Comprendere un qualsiasi discorso di un italiano madrelingua in una varietà regionale centrale • Comprendere un qualsiasi discorso di un italiano madrelingua in una varietà regionale meridionale. • Condurre una conversazione informale con assoluta naturalezza • Prendere la parola scegliendo la funzione discorsiva più appropriata • Intuire gli atteggiamenti impliciti e i rapporti tra gli interlocutori • Collegare con abilità i propri interventi a quelli degli altri interlocutori • Esprimere sfumature di significato in una conversazione informale su qualsiasi tema • Usare con consapevolezza espressioni idiomatiche e colloquiali • Sostenere una conversazione complessa in un ambiente formale tramite argomentazioni articolate e persuasive • Produrre discorsi lunghi con fluenza naturale, senza sforzi né esitazioni (con pause solo per trovare parole più precise) • Presentare un argomento complesso a un pubblico che non ha familiarità col tema pianificando con flessibilità il discorso • Sostituire con disinvoltura una parola che non si ricorda • Riformulare con disinvoltura un punto difficile del discorso • Produrre un discorso lungo su temi complessi segnalando in maniera efficace i punti significativi • Enfatizzare, differenziare, disambiguare • Scrivere lettere formali su qualsiasi argomento e per qualsiasi scopo comunicativo, in ambito privato, istituzionale o lavorativo • Scrivere testi informativo-argomentativi chiari, fluenti su un argomento complesso in forma coesa e coerente e in uno stile appropriato ed efficace • Citare il discorso altrui in uno scritto • Prendere appunti da lezioni e seminari su temi complessi, individuando significati impliciti e sottintesi • Sintetizzare informazioni salienti da diverse fonti, ricostruendo argomentazioni per un'esposizione globale coerente

Per superare il livello PLIDA C2 dovrai:

Ascoltare
• Comprendere il significato di tre testi brevi di tipo narrativo (brani di romanzi, teatro, epica, canzoni), descrittivo (cronache sportive, parti descrittive di documentari su argomenti complessi), argomentativo (discussioni e dibattiti a più voci su argomenti politici, economici e sociali, arringhe), informativo (conferenze, discorsi e lezioni universitarie su qualunque argomento, notiziari su qualunque argomento anche con parti espresse in un italiano non perfetto e con audio di cattiva qualità), regolativo (istruzioni tecniche complesse sull'uso di macchinari familiari).

Leggere
• Capire il significato generale di tre testi (max 1400 parole nel complesso) di tipo narrativo (romanzi e racconti di vario genere), descrittivo (descrizioni complesse contenute in opere letterarie), argomentativo (atti giudiziari, articoli di fondo su argomenti complessi, saggi scientifici di tipo universitario), informativo (lettere su argomenti complessi, articoli e relazioni professionali), regolativo (istruzioni lunghe e complesse, anche legate a settori non di tua competenza, leggi, contratti, regolamenti complessi).

Parlare
• Presentarti spiegando in modo chiaro i tuoi progetti futuri. Nell'interazione guidata dovrai risolvere situazioni relative ad argomenti non familiari, anche presentati in modo scherzoso; dovrai partecipare attivamente alla conversazione con l'intervistatore o con un altro candidato facendo domande adatte all'argomento e ben formulate, commenti appropriati, proposte diverse da quelle degli altri sostenendo le tue tesi con disinvoltura e rispondendo a domande difficili, anche su sottili sfumature di significato, senza avere nessuna difficoltà nella conversazione.
Nel monologo dovrai sviluppare un argomento scelto da te all'interno di una lista, seguendo un percorso logico efficace e dimostrando di poter persuadere l'interlocutore della tua tesi.

Scrivere
• Comporre due testi (max 600 parole nel complesso) di tipo narrativo (storie e resoconti in stili diversi), argomentativo (articoli di fondo su argomenti complessi, giudizi critici su opere letterarie, atti giudiziari), informativo (testi divulgativi preparati sulla base di dati forniti all'esame), regolativo (leggi, contratti).

SEZIONE 3 – UN PERCORSO PER L'ESAME

1. Qualche suggerimento per prepararsi

L'autovalutazione

a. La griglia del QCE
Il primo passo per prepararti all'esame è conoscere il tuo livello. Per fare questo ti consigliamo innanzitutto di leggere attentamente la tabella dell'autovalutazione presentata nel *Quadro comune europeo di riferimento* e che qui viene riprodotta per comodità nella versione italiana.

Griglia di autovalutazione © Consiglio d'Europa / Council of Europe / Conseil de l'Europe

(Attenzione: la griglia deve essere letta da sinistra verso destra).

		A1
COMPRENSIONE	**Ascolto**	Riesco a riconoscere parole che mi sono familiari ed espressioni molto semplici riferite a me stesso, alla mia famiglia e al mio ambiente, purché le persone parlino lentamente e chiaramente.
	Lettura	Riesco a capire i nomi e le persone che mi sono familiari e frasi molto semplici, per esempio quelle di annunci, cartelloni, cataloghi.
PARLATO	**Interazione**	Riesco ad interagire in modo semplice se l'interlocutore è disposto a ripetere più lentamente certe cose e mi aiuta a formulare ciò che cerco di dire. Riesco a porre e a rispondere a domande semplici su argomenti molto familiari o che riguardano bisogni immediati.
	Produzione	Riesco ad usare espressioni e frasi semplici per descrivere il luogo dove abito e la gente che conosco.
SCRITTO	**Produzione**	Riesco a scrivere una breve e semplice cartolina, ad esempio per mandare i saluti delle vacanze. Riesco a compilare moduli con dati personali scrivendo per esempio il mio nome, la nazionalità e l'indirizzo sulla scheda di registrazione di un albergo.

A2	B1
Riesco a capire espressioni e parole di uso molto frequente relative a ciò che mi riguarda direttamente (per esempio informazioni di base sulla mia persona e sulla mia famiglia, gli acquisti, l'ambiente circostante e il lavoro). Riesco ad afferrare l'essenziale di messaggi e annunci brevi, semplici e chiari.	Riesco a capire gli elementi principali in un discorso chiaro in lingua standard su argomenti familiari, che affronto frequentemente a lavoro, a scuola, nel tempo libero, ecc. Riesco a capire l'essenziale di molte trasmissioni radiofoniche e televisive su argomenti di attualità o temi di mio interesse personale o professionale, purché il discorso sia relativamente lento e chiaro.
Riesco a leggere testi molto brevi e semplici e a trovare informazioni specifiche e prevedibili in materiale di uso quotidiano, quali pubblicità, programmi, menù e orari. Riesco a capire lettere personali semplici e brevi.	Riesco a capire testi scritti di uso corrente legati alla sfera quotidiana o al lavoro. Riesco a capire la descrizione di avvenimenti, di sentimenti e di desideri contenuta in lettere personali.
Riesco a comunicare affrontando compiti semplici e di routine che richiedano solo uno scambio semplice e diretto di informazioni su argomenti e attività consuete. Riesco a partecipare a brevi conversazioni, anche se di solito non capisco abbastanza per riuscire a sostenere la conversazione.	Riesco ad affrontare molte delle situazioni che si possono presentare viaggiando in una zona dove si parla la lingua. Riesco a partecipare, senza essermi preparato, a conversazioni su argomenti familiari, di interesse personale o riguardanti la vita quotidiana (per esempio, la famiglia, gli hobby, il lavoro, i viaggi e i fatti di attualità).
Riesco ad usare una serie di espressioni e frasi per descrivere con parole semplici la mia famiglia ed altre persone, le mie condizioni di vita, la carriera scolastica e il mio lavoro attuale o il più recente.	Riesco a descrivere, collegando semplici espressioni, esperienze ed avvenimenti, i miei sogni, le mie speranze e le mie ambizioni. Riesco a motivare e spiegare brevemente opinioni e progetti. Riesco a narrare una storia e la trama di un libro o di un film e a descrivere le mie impressioni.
Riesco a prendere semplici appunti e a scrivere brevi messaggi su argomenti riguardanti bisogni immediati. Riesco a scrivere una lettera personale molto semplice, per esempio per ringraziare qualcuno.	Riesco a scrivere testi semplici e coerenti su argomenti a me noti o di mio interesse. Riesco a scrivere lettere personali esponendo esperienze e impressioni.

la certificazione PLIDA

		B2
COMPRENSIONE	**Ascolto**	Riesco a capire discorsi di una certa lunghezza e conferenze e a seguire argomentazioni anche complesse purché il tema mi sia relativamente familiare. Riesco a capire la maggior parte dei notiziari e delle trasmissioni TV che riguardano fatti d'attualità e la maggior parte dei film in lingua standard.
	Lettura	Riesco a leggere articoli e relazioni su questioni d'attualità in cui l'autore prende posizione ed esprime un punto di vista determinato. Riesco a comprendere un testo narrativo contemporaneo.
PARLATO	**Interazione**	Riesco a comunicare con un grado di spontaneità e scioltezza sufficiente per interagire in modo normale con parlanti nativi. Riesco a partecipare attivamente a una discussione in contesti familiari, esponendo e sostenendo le mie opinioni.
	Produzione	Riesco ad esprimermi in modo chiaro e articolato su una vasta gamma di argomenti che mi interessano. Riesco ad esprimere un'opinione su un argomento d'attualità, indicando vantaggi e svantaggi delle diverse opzioni.
SCRITTO	**Produzione**	Riesco a scrivere testi chiari e articolati su un'ampia gamma di argomenti che mi interessano. Riesco a scrivere saggi e relazioni, fornendo informazioni e ragioni a favore o contro una determinata opinione. Riesco a scrivere lettere mettendo in evidenza il significato che attribuisco personalmente agli avvenimenti e alle esperienze.

C1	C2
Riesco a capire un discorso lungo anche se non è chiaramente strutturato e le relazioni non vengono segnalate, ma rimangono implicite. Riesco a capire senza troppo sforzo le trasmissioni televisive e i film.	Non ho nessuna difficoltà a capire qualsiasi lingua parlata, sia dal vivo sia trasmessa, anche se il discorso è tenuto in modo veloce da un madrelingua, purché abbia il tempo di abituarmi all'accento.
Riesco a capire testi letterari e informativi lunghi e complessi e so apprezzare le differenze di stile. Riesco a capire articoli specialistici e istruzioni tecniche piuttosto lunghe, anche quando non appartengono al mio settore.	Riesco a capire con facilità praticamente tutte le forme di lingua scritta inclusi i testi teorici strutturalmente o linguisticamente complessi, quali manuali, articoli specialistici e opere letterarie.
Riesco ad esprimermi in modo sciolto e spontaneo senza dover cercare troppo le parole. Riesco ad usare la lingua in modo flessibile ed efficace nelle relazioni sociali e professionali. Riesco a formulare idee e opinioni in modo preciso e a collegare abilmente i miei interventi con quelli di altri interlocutori.	Riesco a partecipare senza sforzi a qualsiasi conversazione e discussione ed ho familiarità con le espressioni idiomatiche e colloquiali. Riesco ad esprimermi con scioltezza e a rendere con precisione sottili sfumature di significato. In caso di difficoltà, riesco a ritornare sul discorso e a riformularlo in modo scorrevole.
Riesco a presentare descrizioni chiare e articolate su argomenti complessi, integrandovi temi secondari, sviluppando punti specifici e concludendo il tutto in modo appropriato.	Riesco a presentare descrizioni o argomentazioni chiare e scorrevoli, in uno stile adeguato al contesto e con una struttura logica efficace, che possa aiutare il destinatario a identificare i punti salienti da ricordare.
Riesco a scrivere testi chiari e ben strutturati sviluppando analiticamente il mio punto di vista. Riesco a scrivere lettere, saggi e relazioni esponendo argomenti complessi, evidenziando i punti che ritengo salienti. Riesco a scegliere lo stile adatto ai lettori ai quali intendo rivolgermi.	Riesco a scrivere testi chiari, scorrevoli e stilisticamente appropriati. Riesco a scrivere lettere, relazioni e articoli complessi, supportando il contenuto con una struttura logica efficace che aiuti il destinatario a identificare i punti salienti da ricordare. Riesco a scrivere riassunti e recensioni di opere letterarie e di testi specialistici.

la certificazione PLIDA

b. Test di ingresso
Dopo avere individuato il livello in base ai descrittori del *Quadro comune europeo di riferimento per le lingue*, leggi attentamente la descrizione del livello contenuta nella Sezione 2 (pp. 13-15). Potranno esserti molto utili anche i test d'ingresso scaricabili dal sito internet della Società Dante Alighieri (<u>www.ladante.it</u>) all'indirizzo <u>http://www.ladante.it/plida/testingresso.asp</u>.

c. Le prove passate
Utilizzando le prove delle sessioni d'esame precedenti (pp. 65-102) potrai testare le tue capacità svolgendo una prova completa. In questo modo ti renderai conto di come è fatto e come funziona l'esame, di quanto tempo avrai a disposizione per ciascuna delle parti di cui è composto, di come sono fatti gli esercizi e così via.

Come prepararsi alle singole abilità

La prova *Ascoltare*
A partire dal livello B2, la certificazione PLIDA propone materiali autentici per le prove di comprensione orale e scritta. Il confronto con testi autentici, in particolare per quanto riguarda la prova d'ascolto, può creare disorientamento se non sei abituato ad ascoltare la lingua italiana parlata tra italiani; il ritmo naturale d'eloquio, la presenza di eventuali rumori di fondo, i cambiamenti di intenzione tipici del parlato possono costituire degli ostacoli ulteriori alla comprensione del testo se non hai già sperimentato questa modalità. Ti consigliamo, quindi, di ascoltare frequentemente programmi trasmessi tramite radio, televisione e internet, ormai accessibili in molti Paesi al di fuori dell'Italia.

La prova *Leggere*
Consigliamo alle persone che vogliono affrontare l'esame di utilizzare, possibilmente, oltre ai libri di testo, materiali autentici (destinati cioè alla comunità degli italofoni), come, ad esempio, articoli di giornale, brevi saggi divulgativi, regolamenti e statuti, brani letterari per confrontarsi con l'italiano scritto di vari generi testuali. A partire dal livello B2, la certificazione PLIDA richiede la comprensione non solo dei contenuti informativi del testo, ma anche di sfumature sottili di significato che riguardano l'atteggiamento di fondo e le intenzioni comunicative di chi scrive e le opinioni espresse in favore o contro un determinato argomento.

La prova *Scrivere*
Per esercitarsi alla prova di scrittura consigliamo di sfruttare il maggior numero di occasioni possibili per comporre messaggi scritti. Si può ad esempio prendere appunti, consultare regolarmente il dizionario per controllare la corretta ortografia, scambiare messaggi di posta elettronica con amici italiani, o con altre persone che studiano la lingua italiana, stendere brevi saggi e tesine su argomenti dati.

La prova *Parlare*

Per questa prova può essere molto utile cercare di stabilire contatti con parlanti nativi di italiano, frequentare circoli e comunità culturali, amici e familiari, oppure di utilizzare le occasioni di incontro e scambio di messaggi orali e scritti offerte dalla rete.

Le strutture linguistiche

Alle pp. 29-64 sono disponibili 24 esercitazioni didattiche complete di chiavi (pp. 104-110), che servono a sviluppare la competenza linguistica relativa al livello C2.

2. Suggerimenti per gli insegnanti

L'ufficio PLIDA fornisce in questo paragrafo alcuni suggerimenti didattici per i corsi di lingua italiana, validi per tutti i livelli. Le rapide indicazioni che seguono si fondano su una visione pragmatica e sociolinguistica della lingua; il loro obiettivo è sviluppare, accanto alla conoscenza delle forme e delle strutture linguistiche (il "sapere"), la capacità di agire in particolari contesti comunicativi (il "saper fare").

Al centro della pratica didattica saranno sempre testi parlati e scritti, scelti sulla base di alcuni criteri fondamentali, ribaditi dal *Quadro comune europeo di riferimento per le lingue:* l'autenticità, la complessità linguistica, il canale comunicativo parlato o scritto, la tipologia (testi descrittivi, informativi, narrativi, argomentativi e regolativi), la struttura del discorso, la lunghezza e la rilevanza per lo studente. Tutti i corsi dovranno porsi l'obiettivo di sviluppare negli studenti la capacità di gestire la comunicazione una volta che si trovino ad agire come soggetti sociali; a tale scopo verranno proposti, con la necessaria gradualità, compiti e testi che questi possono incontrare nell'uso reale della lingua.

Le attività proposte per sviluppare le competenze nelle quattro abilità saranno quelle che la pratica glottodidattica descrive come più valide e affidabili: a titolo esemplificativo si propongono alcuni compiti comunicativi che favoriscono l'acquisizione delle competenze.

Per la *produzione orale* sono consigliate per tutti i livelli attività come le drammatizzazioni, i role-play e le conversazioni in coppia o piccoli gruppi. Attività di monologo sono invece previste per i livelli più alti.

Per la *produzione scritta* si suggerisce la creazione di messaggi, compilazione di moduli, preparazione di cartelloni e corrispondenza. Ai livelli più alti si può prevedere la stesura di articoli, relazioni e testi di fantasia.

Per la *comprensione orale* è importante proporre l'ascolto (sia globale sia analitico, possibilmente in fasi distinte) di testi autentici calibrati per livello, utilizzando tutte le risorse e i canali possibili (televisione, radio, internet, ecc.)

Per la *comprensione scritta* è fondamentale prevedere la lettura (sia globale sia analitica) di elaborati autentici, a partire da testi informativi, semplici istruzioni, pubblicità, ecc. per arrivare a testi più complessi quali articoli di giornale, saggi, letteratura, ecc.

Trasversalmente a tutte le attività citate si dovrebbero prevedere sia giochi, sia attività di analisi mirate ad aspetti formali della lingua, con procedure di tipo euristico che portino lo studente alla scoperta delle regolarità soggiacenti al sistema linguistico.

Si consiglia inoltre di prevedere attività di arricchimento della capacità strategica dei discenti per raggiungere l'altro obiettivo fondamentale dell'apprendimento delle lingue: il "saper apprendere", e pertanto lo sviluppo dell'autonomia nel discente, obiettivo particolarmente rilevante per studenti adulti. È opportuno quindi sviluppare le capacità di pianificazione, esecuzione, valutazione e riparazione, sia in ricezione sia in produzione.

Per quanto riguarda le tecniche di valutazione, si consiglia di effettuare frequentemente esercizi di scelta multipla, cloze-test e altri test di completamento, individuazione di informazioni, riordino di sequenze, abbinamento di serie di elementi, domande strutturate e aperte.

Nessun corso potrà prescindere da una trattazione degli aspetti culturali e sociali dell'Italia, affrontati in modo integrato con i contenuti linguistici, per non creare un'innaturale scissione fra lingua e cultura.

Ai livelli dell'italiano elementare (A1-A2) i temi trattati riguarderanno gli aspetti della vita quotidiana e i rapporti interpersonali; ai livelli dell'italiano intermedio (B1-B2) essi si allargheranno a comprendere argomenti familiari e relativi al mondo del lavoro; ai livelli dell'italiano avanzato (C1-C2) i temi saranno più complessi, fino a toccare argomenti generali di area economica, politica e sociale e i relativi àmbiti professionali specifici.

SEZIONE 4 – LE PROVE D'ESAME

Come sono organizzate

L'esame di livello C2 è composto da quattro prove:

Prova	Tempo a disposizione
Ascoltare	30 minuti
Leggere	45 minuti
Scrivere	135 minuti
Parlare	15 minuti circa

La prova *Ascoltare*
La prova è composta da tre parti. Dopo l'ascolto devi rispondere a delle domande a risposta chiusa.
I testi - I testi possono essere di tipo narrativo (resoconti, spezzoni di film, ecc.), descrittivo (documentari, cronache sportive, ecc.), argomentativo (dibattiti pubblici, *talk show*, ecc.), informativo (lezioni accademiche, conferenze e presentazioni pubbliche interventi a convegni scientifici, notiziari, interviste, documentari, ecc.). Per questo livello i testi sono autentici, registrati dalla viva voce, dal telefono, dalla radio, dalla televisione, da internet.

Lo svolgimento della prova – Per ogni testo sono previsti due ascolti. Le istruzioni per ogni parte della prova sono registrate nella traccia audio e dovrai ascoltare attentamente e leggere quello che ti viene richiesto di fare nella prova. Ti consigliamo di leggere attentamente l'esercizio prima di ascoltare in modo da attivare già un ascolto selettivo alla ricerca delle informazioni richieste.

I quesiti – Devi completare degli esercizi a risposta chiusa (ad esempio: risposte a scelta multipla, individuazione di informazioni, ecc.). Gli esercizi hanno come oggetto la comprensione del testo ascoltato.

La prova *Leggere*

Durante la prova leggerai tre testi (di lunghezza massima di 1400 parole nel complesso). I tre testi sono diversi per contenuto, destinazione e caratteristiche di lingua e di stile. Dopo la lettura devi rispondere a delle domande a risposta chiusa.

I testi – I testi previsti per questo livello possono essere testi narrativi (verbali, brani di opere letterarie, articoli di cronaca complessi, relazioni, ecc.), testi descrittivi (saggi letterari, filosofici, tecnico-scientifici, ecc.), testi argomentativi (lettere di denuncia a un'assicurazione o a un'autorità di pubblica sicurezza, lettere di sollecito, lettere di presentazione, lettere di reclamo, lettere di protesta, saggi, editoriali, ecc.) testi informativi (lettere professionali, carteggi privati complessi e formali, circolari informative, comunicati stampa, presentazioni istituzionali, relazioni professionali, rapporti, resoconti, dossier, inchieste, indagini, articoli di giornale complessi, ecc.), testi regolativi (istruzioni lunghe e complesse contenute in manuali d'uso, leggi, regolamenti, ecc.).

Per questo livello i testi sono sempre autentici; nella selezione dei testi si presta attenzione alle caratteristiche del livello.

Lo svolgimento della prova – Le istruzioni per ogni parte della prova sono fornite prima dell'esercizio da svolgere. Ti consigliamo di leggere attentamente l'esercizio prima di leggere il testo presentato in modo da attivare già una lettura selettiva alla ricerca delle informazioni richieste.

I quesiti – Devi completare degli esercizi a risposta chiusa (ad esempio: risposte a scelta multipla, individuazione di informazioni, *cloze*, ecc.). Gli esercizi hanno come oggetto la comprensione del testo.

La prova *Scrivere*

Per questa prova devi comporre due brevi testi (della lunghezza massima di 600 parole) sullo spunto di due tracce. Devi scrivere i testi a mano, a penna indelebile, su fogli che ti fornirà il Centro; sono vietati fogli aggiuntivi, così come strumenti di aiuto di vario genere (grammatiche e dizionari). Le tracce fanno sempre riferimento a situazioni reali o realistiche relative alla vita pubblica, personale, educativa e professionale. Per questo livello si propone in particolare la stesura di testi di tipo narrativo (storie e resoconti ben strutturati, verbali, rapporti), descrittivo (progetti di ricerca, presentazioni istituzionali, relazioni professionali, dossier, inchieste, indagini), argomentativo (lettere di denuncia a un'assicurazione o a un'autorità di pubblica sicurezza, lettere di sollecito, lettere di presentazione, lettere di reclamo, lettere di protesta, testi promozionali di prodotti o attività, articoli di fondo su argomenti di attualità), informativo (comunicati stampa, lettere professionali contenenti dati specifici: per esempio di aziende, società, banche), regolativo (regolamenti e istruzioni).

La prova *Parlare*

La tua prova orale sarà valutata da una commissione (autorizzata dalla Sede centrale) composta da due persone: un intervistatore e un esaminatore. L'intervistatore ha il ruolo di interagire con te e metterti a tuo agio, l'esaminatore invece ha il compito di valutare la tua produzione orale. Per il livello C2 la prova è costituita da tre parti: la *presentazione* (1 minuto), *l'interazione guidata* (5-7 minuti) e il *monologo* (3-5 minuti).

Durante la *presentazione* devi presentarti, raccontare il tuo percorso di apprendimento dell'italiano e spiegare le ragioni che ti hanno spinto allo studio della lingua italiana; questa parte ha lo scopo principale di metterti a tuo agio e di "rompere il ghiaccio".

Durante *l'interazione guidata* devi interagire con l'intervistatore in una situazione in cui devi risolvere compiti comunicativi complessi (ad esempio: risolvere un problema imprevisto, spiegare un malinteso, protestare per un servizio non reso, ecc.); dovrai partecipare attivamente alla conversazione con l'intervistatore o con un altro candidato facendo domande adatte all'argomento e ben formulate, commenti appropriati, proposte diverse da quelle degli altri sostenendo le tue tesi con disinvoltura e rispondendo a domande difficili, anche su sottili sfumature di significato.

Durante il *monologo* puoi scegliere un argomento da una lista presentata dall'intervistatore. Hai a disposizione qualche minuto per scegliere l'argomento che preferisci e per organizzare le idee: puoi prendere qualche appunto, ma non puoi utilizzare materiali personali. In questa parte dovrai sviluppare un argomento seguendo un percorso logico efficace e dimostrando di poter persuadere l'interlocutore della tua tesi.

SEZIONE 5 – COME SONO VALUTATE LE PROVE D'ESAME

Livello C2

Superamento dell'esame e punteggio

Il voto di ogni prova è espresso in trentesimi: per superare l'esame devi raggiungere la sufficienza (18/30) in ciascuna delle quattro abilità; il punteggio minimo complessivo per superare l'esame è quindi 72/120, il massimo è 120/120. Se raggiungerai la sufficienza in almeno tre delle quattro abilità previste potrai ottenere un credito per iscriverti alla sessione d'esame successiva e sostenere soltanto la prova dell'abilità che non hai superato.

La valutazione delle prove *Ascoltare* e *Leggere*

Le prove *Ascoltare* e *Leggere* presentano dei quesiti a risposta chiusa e sono pertanto test a correzione oggettiva tramite delle chiavi di risposta date. La correzione di queste due prove è a cura esclusivamente dell'Ufficio PLIDA. La prova *Ascoltare* è composta da tre parti. Il punteggio complessivo massimo è di 30 punti. Per questo livello la risposta corretta ad ogni quesito vale in norma da 1 a 2 punti. La somma dei punti delle risposte corrette costituisce il voto complessivo della singola prova. Per la prova *Leggere* ci si attiene allo stesso criterio di correzione e valutazione.

La valutazione della prova *Parlare*

La valutazione della prova orale è affidata a una Commissione locale composta di professionisti con vasta esperienza che operano sulla base di scale di valutazione fornite dalla Sede Centrale, in modo da garantire un risultato omogeneo nello spazio e nel tempo.
Nella certificazione PLIDA, al pari che in altre importanti certificazioni internazionali, si ritiene di fondamentale importanza che la valutazione della competenza orale sia fatta da chi è fisicamente presente alla prova:
- in primo luogo, perché un testo orale ha caratteristiche specifiche ed irripetibili, individuabili e valutabili solo nel contesto fisico della sua produzione, caratteristiche che né una registrazione né una trascrizione potrebbero conservare (anche in una registrazione, infatti, molti dei tratti paralinguistici, extralinguistici e pragmatici propri del testo orale andrebbero perduti);
- in secondo luogo, perché la specificità delle culture nazionali e locali può essere tenuta presente soltanto da una commissione *in loco*, capace di garantire il valore aggiunto della testimonianza diretta, sempre preferibile a quella indiretta;
- in terzo luogo, perché la diffusione capillare dei Centri di Certificazione che fanno capo ai Comitati della Società Dante Alighieri presenti in tutto il mondo rappresenta un'innegabile opportunità: è proprio grazie a tale diffusione che il PLIDA può contare su un gran numero di docenti appositamente formati, stabili e ben radicati nelle singole realtà nazionali e locali.

Per garantire ancora di più la correttezza e l'omogeneità della valutazione, la prova orale viene comunque registrata (in modo tale che il registratore ostacoli il meno possibile la prova stessa) e inviata dal Centro Certificatore alla Sede Centrale per un controllo finale.

La Commissione per la valutazione della prova orale

La Commissione, proposta dal Responsabile per la Certificazione di ogni singolo Centro e sottoposta all'approvazione e al controllo della Sede Centrale, è formata da due membri, un intervistatore e un esaminatore, i quali non devono avere precedenti informazioni, dirette o indirette, sulle tue competenze linguistiche. I due membri della Commissione ricoprono ruoli distinti e ugualmente fondamentali: nella fattispecie l'intervistatore ha, fra i tanti compiti, quello di incoraggiare la conversazione e quello di metterti a tuo agio; durante l'esecuzione della prova, infatti, nessuno ti correggerà.
I requisiti necessari per svolgere la mansione di intervistatore sono: ottima conoscenza della lingua italiana (di livello non inferiore a C1); buona esperienza nell'insegnamento e nella conduzione di un esame orale; buona attitudine nella conversazione.
L'esaminatore non interviene nella conversazione ma valuta la tua esecuzione esprimendo, anche insieme all'intervistatore, un voto globale finale espresso in trentesimi. L'esaminatore tiene conto di eventuali errori di lingua solo in relazione al livello richiesto.

Oltre a un'ottima conoscenza della lingua italiana (di livello non inferiore a C2) e a una buona esperienza nell'insegnamento e in particolare nella valutazione, i requisiti che consentono l'autorizzazione a svolgere la mansione di esaminatore sono:
- laurea in lingua e/o letteratura italiana (o equipollente) conseguita presso un'università italiana o straniera con almeno un esame di letteratura italiana e uno di storia della lingua italiana (o di lingua italiana o di linguistica italiana)
- laurea in lettere (o equipollente) conseguita presso un'università italiana con almeno un esame di letteratura italiana e uno di storia della lingua italiana (o di lingua italiana o di linguistica italiana)
- laurea in altra disciplina conseguita presso un'università italiana o straniera con un corso di studi all'interno del quale compaiano almeno tre anni di lingua o letteratura italiana
- lettorato di italiano presso un'università straniera durato almeno un anno
- abilitazione all'insegnamento dell'italiano in scuole pubbliche in Italia o all'estero
- master di I o II livello in didattica dell'italiano L2.

Altri titoli accademici ed esperienze professionali pregresse (per esempio periodi continuati di insegnamento della lingua italiana) saranno valutati a discrezione della Sede Centrale.

I criteri di valutazione della prova orale
La valutazione della prova orale si fonda sulla descrizione degli aspetti qualitativi della lingua, così come sono riportati nel *Quadro comune europeo di riferimento per le lingue* [1] e qui di seguito trascritti per comodità e suddivisi per livello:

LIVELLO C2

Estensione	Mostra grande flessibilità nel riformulare le idee in forme linguistiche differenti per esprimere sottili sfumature di significato, per enfatizzare, differenziare, eliminare ambiguità. Ha anche una buona padronanza delle espressioni idiomatiche e colloquiali.
Correttezza	Mantiene un coerente controllo grammaticale del linguaggio complesso, anche quando l'attenzione è rivolta ad altro (ad esempio a pianificare il discorso, a osservare le reazioni degli altri).
Fluenza	Sa esprimersi con spontaneità in un discorso lungo e con un ritmo colloquiale naturale, evitando o aggirando le difficoltà in modo così disinvolto che l'interlocutore quasi non se ne accorge.
Interazione	È in grado di interagire tranquillamente ed efficacemente, riconoscendo e usando apparentemente senza sforzo elementi non verbali e intonativi. Sa intrecciare il proprio contributo al discorso degli altri prendendo la parola in modo del tutto naturale, riferendosi alle cose dette, facendo allusioni, ecc.
Coerenza	È in grado di realizzare un discorso coerente e coeso utilizzando in modo appropriato una grande varietà di schemi organizzativi e un'ampia gamma di connettivi e di altri meccanismi di coesione.

---

[1] *Quadro*, cit., pp. 36-37

Il punteggio che la certificazione PLIDA attribuisce a ciascuna categoria nel livello C2 è il seguente:

	Estensione	Correttezza	Fluenza	Interazione	Coerenza	Punteggio totale
C2	da 0 a 8	da 0 a 6	da 0 a 6	da 0 a 4	da 0 a 6	0-30 punti

La suddivisione in categorie è utile a una valutazione che sia il più possibile oggettiva e articolata, affiancando alla tradizionale e monolitica categoria della correttezza altre categorie che rendono conto dei vari aspetti della comunicazione (come l'interazione e la fluenza). Schematizzando e semplificando, si dirà che all'estensione corrisponde grosso modo il dominio del lessico e del registro stilistico, alla correttezza e alla coerenza corrispondono i domini della fonetica, della morfologia e della sintassi, alla fluenza corrisponde il livello generale di sicurezza linguistica e paralinguistica (disinvoltura, velocità e spontaneità del parlato, ecc.), all'interazione corrisponde il dominio della pragmatica (e dunque della capacità di rispondere, domandare, prendere la parola, in modo adeguato alla situazione comunicativa presentata).

I criteri di valutazione della prova *Scrivere*

La correzione e la valutazione delle prove di scrittura sono di esclusiva competenza dell'Ufficio PLIDA, che le affida a un personale specializzato; tutti i Centri certificatori spediscono le prove svolte alla Sede Centrale entro 10 giorni dalla fine dello svolgimento degli esami. Il correttore esaminerà i tuoi testi per dare un voto alla tua competenza nell'italiano scritto. La valutazione fa riferimento a vari descrittori degli aspetti qualitativi dell'uso della lingua scritta ricavabili dal *Quadro comune europeo di riferimento per le lingue*[2] e sintetizzabili nella scala che segue:

LIVELLO C2

Controllo	Correttezza ortografica e morfologica; coerenza semantica (accostamento di significati compatibili).
Pianificazione	Correttezza morfologica e sintattica; coesione; coerenza linguistica interna (omogeneità del registro).
Circostanzialità	Estensione, fluenza, adozione di lessico specifico e/o tecnico.
Interazione	Coerenza tematica; coerenza linguistica esterna (adeguatezza del registro al contesto situazionale)

---

[2] *Quadro*, cit. Si fa riferimento, in particolare, alle scale ivi riportate alle pp. 77 (*Produzione scritta generale*), 81 (*Pianificazione*), 102 (*Interazione scritta generale*), 119 (*Lavorare su un testo*), 137 (*Ampiezza del lessico*), 138 (*Padronanza del lessico*), 140 (*Correttezza grammaticale*), 145 (*Padronanza ortografica*), 153 (*Sviluppo tematico*), 154 (*Coerenza e coesione*).

la certificazione PLIDA

Il punteggio che la certificazione PLIDA attribuisce a ciascuna categoria nel livello C2 è il seguente:

	Controllo	Pianificazione	Circostanzialità	Interazione	Punteggio totale
C2	0-10 punti	0-9 punti	0-5 punti	0-6 punti	0-30 punti

Chi si occupa della correzione della prova scritta registra tutti gli scarti rispetto alla norma dell'italiano standard ma tiene conto solo di quelli che rivelano una lacuna nella competenza richiesta dal livello della prova.

Risultati e certificati

Le prove svolte sono inviate dal Centro Certificatore alla Sede Centrale; qui sono corrette e valutate entro 60 giorni dalla data di arrivo. La Sede Centrale invia al Centro i certificati di tutti i candidati che hanno superato l'esame: sul certificato sono indicati, oltre ai tuoi dati, il livello, i voti che hai ottenuto nelle singole abilità e il punteggio complessivo. I tuoi dati personali e i voti d'esame sono utilizzati unicamente per il rilascio del certificato e non risultano di pubblico dominio ai sensi della legge italiana sulla privacy (D.Lgs. 196/2003).

Se smarrisci o danneggi il tuo certificato puoi richiederne un duplicato alla Sede Centrale pagando il rimborso delle spese di stampa e spedizione.

Ai Centri, che a loro volta informano i candidati nel rispetto della privacy, vengono comunicati anche i risultati ottenuti da chi non ha superato la prova: in particolare, se non hai superato le prove *Ascoltare*, *Leggere* e *Scrivere* puoi chiedere una copia del compito svolto entro 6 mesi dalla data dell'esame.

esercitazioni didattiche

esercitazioni didattiche

1 *Cancella gli **articoli** che non sono necessari e <u>sottolinea</u> le **preposizioni** corrette, come negli esempi.*

L'amicizia, un vero *colpo di fulmine*

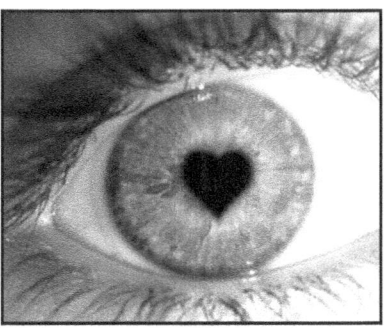

Quante ~~le~~ volte abbiamo detto o sentito dire: "È stato l'amore *a/alla* prima vista!". Così è stato anche per il mio padre e la mia madre. Lo stesso può succedere per l'amicizia. Come e più *di/dell*'amore, a determinare le scelte sono i primi minuti *di/della* conoscenza, i quelli che bastano a "riconoscere" l'interlocutore, a decidere se ci assomiglia e se desideriamo creare un rapporto con lui. Il resto *di/del* tempo ha soltanto lo scopo di confermare questa l'intuizione, anche quando potrebbe rivelarsi inesatta. Una ricerca *di/della* Ohio State University documenta quel meccanismo di "una veloce previsione *di/del* ciò che si ha in comune" che caratterizza il primo incontro tra i due esseri umani. Indipendentemente *da/dal* sesso *di/dell*'altro, uguale o meno *a/al* nostro, il cervello si mette *a/al* lavoro e analizza *in/nei* pochissimi minuti gli elementi che contraddistinguono l'individuo che abbiamo di fronte, ce li trasmette e provoca *in/nei* noi i gesti che *a/alla* loro volta aiutano l'instaurarsi di un rapporto favorevole.
La questa scoperta, che solo apparentemente fa la parte *di/dell*'esperienza comune, è invece destinata, secondo gli scienziati americani, *a/al* "sovvertire" tutto il ciò che si era creduto fino ad ora *a/al* proposito *di/dell*'amore e *di/dell*'amicizia, ritenuti i sentimenti basati, almeno *in/nei* casi migliori, *su/sullo* scambio duraturo e *su/sulle* affinità profonde.
Intervistando i propri studenti *a/alla* distanza *di/dei* tre, sei e dieci minuti *in/nel* merito *a/alle* proprie impressioni *su/sulla* persona appena conosciuta, gli psicologi *di/della* Ohio University hanno rilevato le previsioni *su/sulla* possibilità di diventare gli amici che, le nove settimane dopo, si sono rivelate perlopiù esatte. E confermate, più tardi, anche da lunghe frequentazioni. La Gabriella Pravettoni, la docente *di/della* Psicologia Cognitiva *a/all*'Università *di/degli* Studi *di/della* Milano, spiega: "Il ciò che avviene quando guardiamo per la prima volta un altro essere umano si chiama "frame", la cornice. Noi "incorniciamo" l'interlocutore, e molto *in/nella* fretta, capiamo se può essere il nostro amico oppure no a partire *da/dai* dettagli come il suo abito. *A/Al* questo punto, se la decisione è stata positiva, da quel momento *in/nel* poi cambiare l'idea non sarà facile, anche perché detestiamo smentirci". In un certo senso, dunque, i primi dieci minuti - *in/nell*'amicizia come *in/nell*'amore - "rappresentano una trappola", avverte la Pravettoni. "Da quel momento *in/nel* poi - spiega la psicologa - tutto il ciò che facciamo *a/al* livello cognitivo non è l'altro che un cercare di confermare la nostra prima ipotesi".
Ma la scienza italiana si dissocia, almeno su un punto *da/dalla* ricerca americana: "Le nove settimane sono davvero poche per parlare *di/dell*'amicizia, un vincolo che può essere verificato soltanto *in/nei* tempi più lunghi e passando attraverso i momenti difficili che mettano *a/alla* prova ciò che siamo disposti *a/al* fare per l'altro". E lo psicoterapeuta Giuseppe Rescaldina risponde ad un'altra grande domanda *su/sul* tema: l'amicizia *a/alla* prima vista e poi *in/nel* tempo, può esistere anche tra l'uomo e la donna? "Sì. *In/Nelle* donne l'istinto materno prevale e, tra gli adulti, sono capaci di viverlo *in/nel* modo più sereno e distaccato. Il risultato è spesso eccellente, soprattutto per noi!"

(www.repubblica.it)

2 Scegli i verbi che formano la **parola composta** con i **sostantivi**. Attenzione: si possono formare parole composte con una, due o anche tutte e tre le parole.

lava / stendi / pulisci } biancheria	apri / salva / svuota } bottiglie	asciuga / taglia / ferma } capelli
ferma / segna / porta } carte	porta / elimina / posa } cenere	salva / porta / reggi } chiavi
prendi / ruba / togli } cuori	lava / stuzzica / pulisci } denti	scendi / salva / scalda } letto
corri / asciuga / reggi } mano	chiudi / apri / rompi } scatole	passa / tira / corri } porto

3 Forma il **contrario** dei seguenti **aggettivi** scegliendo il prefisso giusto (*s-*, *dis-*, *in-*) e inseriscili nella colonna, come negli esempi.

adatto   affidabile   *attento*   attivo   capace   coerente   colto   consistente   *contento*   comodo   competente   cortese   costante   credibile   degno   dipendente   fedele   felice   fortunato   gradevole   informato   onesto   ordinato   organizzato   ospitale   sensibile   sicuro   sufficiente   vantaggioso

s-	*dis-*	*in-*
scontento	disattento	inadatto

Quaderni del PLIDA C2

esercitazioni didattiche

4 Scrivi il **contrario** dei seguenti **aggettivi** usando il prefisso negativo **in-**, con le modifiche necessarie, come nell'esempio. Attenzione: in ogni gruppo c'è un "intruso" che forma il contrario in modo differente.

legale	_illegale_	paziente	_____
leale	_____	popolare	_____
leggibile	_____	possibile	_____
legittimo	_____	povero	_____
logico	_____	probabile	_____
maturo	_____	ragionevole	_____
maschio	_____	razionale	_____
mobile	_____	responsabile	_____
morale	_____	rilevante	_____
mortale	_____	rigido	_____

5 <u>Sottolinea</u> gli **aggettivi** in cui "**in-**" (o "**im-**") iniziale non è un prefisso di negazione (che indica il contrario), e scrivili sotto, come nell'esempio.

inaffidabile - _imbranato_ - impaziente - impegnato - impenetrabile - imperdonabile

imperiale - imponente - impotente - importante - impreciso - impressionante - imprudente

impulsivo - incalcolabile - incantato - indeciso - indipendente - indispensabile - industriale

inesauribile - infelice - informato - infuocato - ingegnoso - ingombrante - ingrato

inguaribile - inopportuno - inquietante - insensato - integrale - interessante - intoccabile

intonato - invadente - invalido - inviato - invidioso - invincibile

imbranato

6 a Completa il testo inserendo gli **aggettivi** nella posizione migliore, prima o dopo il nome, come nell'esempio. Attenzione: gli aggettivi sono in ordine e devono essere concordati con il nome.

curioso   nuovo   misterioso   grande   inquietante   alieno   cifrato   cruciale   singolare   enigmatico   perfetto   enorme   pensante   vecchio   semplice   umano   complicato   alacre   arzillo   ufologico   duro   britannico   pratico   perfetto   geometrico   particolare   giornalistico   breve   misterioso

La _curiosa_ storia ~~✗~~ dei cerchi nel grano

1 Ogni tanto arriva un _____ film _____ che tratta l'argomento, e inevitabilmente succede che si torni a parlare di quei _____ cerchi _____ e dei
5 _____ disegni _____ che da una ventina d'anni a questa parte compaiono nei campi di grano inglesi. L'ultimo, comparso ultimamente nel Wiltshire, raffigura addirittura il _____ volto _____ di un _____ essere _____
10 e un disco su cui era contenuto un _____ messaggio _____.
Ora, la _____ domanda _____ a proposito di questo _____ fenomeno _____ è: chi realizza questi _____ dise-
15 gni _____? Agli inizi qualcuno aveva proposto che si trattasse di misteriosi "vortici di plasma" che creavano dei _____ cerchi _____ nei campi. Quando però questi disegni presero a farsi più complessi e precisi, l'ipotesi della forza naturale
20 dovette essere abbandonata: era evidente che dietro quelle _____ figure _____ c'era una _____ mente _____.
Gli appassionati di misteri ipotizzano che dietro i disegni ci siano gli extraterrestri e che quei disegni
25 rappresentino _____ messaggi _____ tutti da interpretare. Il _____ ragionamento _____, infatti, parte dal presupposto che nessun _____ essere _____, a meno di usare _____ macchinari _____, schiere
30 di _____ volontari _____ e settimane di tempo, potrebbe realizzare disegni altrettanto spettacolari. Ma è davvero così?

**Due _____ pensionati _____ e un
35 rastrello.**
In realtà, l'_____ ipotesi _____ per il fenomeno dei "*crop circles*", come si chiamano tra gli studiosi i cerchi nel grano, ricevette una _____ sconfessione _____ il 9 settem-
40 bre 1991, quando l'enigma fu finalmente svelato. Alla redazione del _____ giornale _____ "Today" si presentano, quel giorno, Douglas Bower e David Chorley, due signori di mezza età che dichiarano di essere gli autori dei cer-
45 chi. Per dimostrarlo sono pronti a dare una _____ dimostrazione _____ ai giornalisti. Detto fatto. Si trova un campo di grano a Sevenoaks, nel Kent, e si dà via libera ai due burloni. Armati di un rastrello e di una corda, si mettono
50 al lavoro realizzando _____ circoli _____ e accurate _____ forme _____; il tutto mentre diversi giornalisti documentano fotograficamente ogni fase di quella _____ operazione _____.
55 Terminato il cerchio, scatta la seconda fase di quello che si sarebbe rivelato un grosso _____ *scoop* _____: una _____ telefonata _____ a Pat Delgado, il massimo esperto di *crop circles*, per avvisarlo della comparsa di un
60 nuovo _____ cerchio _____. L'esperto, giunto immediatamente sul posto, esamina il grano con cura ed esclama entusiasta: "Questo è senza dubbio il momento più bello di quella che è una mia lunga ricerca sulle presenze degli ufo nel
65 mondo. Nessun essere umano può avere realizzato un'opera simile!"

(adattato da *www.golemindispensabile.it*)

esercitazioni didattiche

6 b *Prendi ora in considerazione le coppie **aggettivo/nome** indicate nella colonna a sinistra. Indica per ognuno degli aggettivi evidenziati, quali possono andare solo dopo il nome o anche prima del nome.*

Aggettivo/nome	Può andare prima del nome	Può andare solo dopo il nome
messaggio **cifrato**		
domanda **cruciale**		
essere **umano**		
ipotesi **ufologica**		
giornale **britannico**		
dimostrazione **pratica**		
forme **geometriche**		
scoop **giornalistico**		

6 c *Prendi ora in considerazione le coppie **aggettivo/nome** indicate nella colonna a sinistra, e verifica se e come cambia il significato del nome modificando la posizione dell'aggettivo, come nell'esempio.*

Aggettivo/nome	Aggettivo prima del nome	Aggettivo dopo il nome
diversi giornalisti	*diversi giornalisti = molti giornalisti*	*giornalisti diversi = giornalisti differenti rispetto ad altri*
lunga ricerca		
povero ufologo		
grande libro		

La pizza Margherita compie 120 anni

Napoli, 11/06/2009 - Sono 120 gli anni ~~la~~ *della* pizza margherita, ma non li dimostra. Oggi Napoli ha voluto omaggiare uno i suoi simboli distintivi una grande festa. Un corteo di figuranti in abiti l'Ottocento ha accompagnato lei, la regina Margherita di Savoia, impersonata da una modella gli occhi azzurri, con indosso un candido vestito bianco e seduta su una carrozza epoca.

In corteo sino la storica Pizzeria.
Giunti in piazza del Plebiscito insieme l'assessore provinciale uscente Francesco Emilio Borrelli, i figuranti si sono diretti verso la "Pizzeria Brandi", dove ancora oggi si espone il documento ingiallito firmato il Gran capo dei servizi di tavola di casa Savoia in cui si legge tutto l'apprezzamento della regina l'alimento inventato il popolo napoletano. È lì che due "marinai" hanno offerto la pizza la regina Margherita che, dopo averla piegata "a portafoglio", l'ha mangiata rigorosamente le mani. Tante persone hanno seguito la manifestazione, i turisti a semplici curiosi.

Anche i numeri per il superenalotto.
Per gli amanti il superenalotto c'è anche la sestina la pizza: 20-24-53-55-75-13, tutti numeri legati alla festa e l'alimento che oggi compie gli anni.

(www.rainews24.rai.it)

esercitazioni didattiche

8 *Scegli l'alternativa giusta, e prova a spiegare il senso dei proverbi, come nell'esempio.*

A *buon*/*buon'*/*buono* intenditor poche parole.
A chi sa capire non è necessario fare lunghi discorsi.

1) A caval donato non si guarda *la*/*in*/*nella* bocca.
   _____

2) Al cuore non *comanda*/*gli comanda*/*si comanda*.
   _____

3) A tutto c'è rimedio *esclusa*/*fuorché*/*tranne* alla morte.
   _____

4) Chi dorme non piglia *pesci*/*i pesci*/*il pesce*.
   _____

5) Chi è causa del suo mal pianga *lo stesso*/*lui stesso*/*se stesso*.
   _____

6) Chi non beve *nella compagnia*/*con la compagnia*/*in compagnia* o è un ladro o una spia.
   _____

7) Chi si contenta *la gode*/*gode*/*ne gode*.
   _____

8) Chi tardi *arriva*/*ci arriva*/*vi arriva* male alloggia.
   _____

9) *Affinché*/*Finché*/*Fino a quando* c'è vita c'è speranza.
   _____

10) Morto un papa *ne*/*se ne*/*si* fa un altro.
    _____

11) Tutti i nodi vengono *a*/*al*/*sul* pettine.
    _____

9 *Sostituisci, dove possibile, la forma passiva e passivante con la forma **venire** + **participio passato**, e la forma passiva retta dal verbo **dovere** con la forma **andare** + **participio passato**, come nell'esempio.*

La buona tavola

Scelta, conversazione, cura degli alimenti.
Dalle associazioni dei consumatori regole utili per mettere in tavola piatti sicuri.

Consigli per gli acquisti

- Leggere sempre l'etichetta presente sui prodotti confezionati: se è posta particolare attenzione alla data di scadenza, alle temperature e alle modalità di conservazione, tutto andrà per il meglio.
- Ricordarsi che i prodotti refrigerati, surgelati e congelati <u>**devono essere acquistati**</u> per ultimi, portati a casa rapidamente e riposti subito in frigorifero o nel congelatore. Quando si scongelano, i surgelati non devono essere più ricongelati. *Vanno acquistati*
- Nel caso di prodotti sfusi accertarsi che i banchi di vendita siano dotati di un'adeguata protezione da agenti esterni (sporco, polvere, insetti).
- Il pesce fresco deve essere mantenuto ad una temperatura compresa tra zero e quattro gradi.
- Quando i prodotti della pesca congelati e surgelati, compresi i molluschi (cozze, vongole, ecc.) sono rimessi negli appositi banchi frigo per la conservazione, la temperatura deve essere inferiore ai meno18°C. I prodotti di gastronomia precotti (pollo arrosto, arrosti di carne) devono essere invece posti in appositi banchi - separati dagli alimenti crudi - a temperatura di refrigerazione.
- La confezione non deve essere rovinata. Devono essere evitate lattine ammaccate e dilatate, pacchetti strappati o deformati, sigilli di sicurezza danneggiati, scatole bombate o con fessure.

Guarda come ti conservo

- Per un'adeguata conservazione, si deve evitare il contatto tra cibi crudi e cotti, una precauzione questa che riduce il rischio del passaggio di batteri da un cibo all'altro.
- Carni, pollame e pesce crudi, devono essere conservati nella parte inferiore del frigorifero, i cibi cotti sui ripiani superiori.
- I cibi caldi non devono essere riposti in frigorifero perché causano un aumento delle temperature interna della cella.
- Gli alimenti in scatola devono essere messi in un luogo pulito, fresco e asciutto.

(adattato da *www.nuovoconsumo.it*)

esercitazioni didattiche

10a *Leggi il testo e correggi gli **errori** presenti. Poi riscrivilo in basso correttamente, come nell'esempio.*

La regola nascosta nelle pieghe dell'arte

Le arte è un gioco, e come in tutti i gioci, all'inizio bisogna metterne d'accordo sul regole. L'artista, sempre, dai istruzioni al publico sulle convenzioni attraverso i quali deve leggere la sua opera. Sono regole nascosti nel testo, un tavolo dal gioco su cui ogni oggetto posato aquista un segno preciso, diverso dal solito. Il stile, in genere, serve propio a questo: a stabilire una coerensa convensionale e una gerarcia delle carte dal gioco.

L'arte _____

_____

_____

_____

_____

10b *Il testo continua. Completalo con le parole della lista e con i verbi tra parentesi.*

addirittura · all' · che · che · che · da · davanti · di · dopo · facilmente · quando · quello · una volta

Ciò che succede a Gregorio Samsa, il protagonista di Kafka _____ (svegliarsi) _____ una mattina, e scopre _____ essere diventato un insetto è, all'inizio, incredibile. Ma già una pagina _____, grazie a uno stile piano _____ mima la grigia quotidianità di un impiegato delle assicurazioni, la situazione diviene _____ realistica, impietosamente "vera" e struggente.
In teatro, ad esempio, che tra i linguaggi narrativi è _____ che impone più convenzioni _____ accettare, una nave nella tempesta può essere _____ evocata da una barchetta di carta _____ un marinaio, *(stringere + pronome)* _____ con la punta delle dita, fa vacillare _____ a sé, *(guidare + pronome)* _____ da una parte _____ altra del palcoscenico.
Ricordo Eduardo De Filippo _____, prima che *(incominciare)* _____ lo spettacolo, si presentò al pubblico *(dire)* _____ che nella commedia lui recitava un personaggio che _____ è giovane e un'altra è vecchio.

38   Quaderni del PLIDA C2

10c *L'articolo continua. Inserisci nel testo i verbi della lista, coniugandoli al **passato remoto**. I verbi non sono in ordine. Attenzione: un verbo va coniugato in un tempo diverso dal passato remoto.*

agganciarsi   andare   appuntare   chiedere   cominciare   dire   entrare
essere   essere   esserci   interrompersi   mostrare   mostrare   rispondere

Avrebbe quindi dovuto cambiare continuamente d'abito, con grandi disagi. Allora _____ al pubblico di aiutarlo. _____ una barbetta nera da agganciare alle orecchie con l'elastico: "Se mi vedete con questa barba nera, significa che sono giovane!". Poi _____ una barbetta bianca: "Se mi vedete con quest'altra, senza aver bisogno di cambiare l'abito, voi capirete che sono vecchio. D'accordo?". Il pubblico _____ di sì. Allora Eduardo _____ la barbetta bianca perché ad entrare subito in scena era l'uomo anziano. Stava per cominciare la recita quando _____ un'altra volta: "Scusatemi - _____ avvicinandosi al proscenio - siccome la barbetta attaccata alla faccia mi dà molto fastidio, vi dispiace se invece di agganciarla alle orecchie la appendo qui sul taschino?". La platea _____ d'accordo. Così Eduardo _____ la barbetta bianca al taschino e _____ a recitare la parte del vecchio. Più tardi _____ in scena con la barbetta nera, sempre attaccata alla giacca, e per il pubblico quello era Eduardo da giovane. Tutto _____ meravigliosamente bene, _____ uno spettacolo memorabile, di un realismo strabiliante. Bastava mettersi d'accordo all'inizio.

_____ qualche artista che talvolta non è voluto scendere a patti con il suo pubblico. Mi viene in mente, ad esempio, un famoso quadro di Magritte su cui era ritratta una bella pipa. Sotto la pipa il pittore aveva inserito una scritta: "Ceci n'est pas une pipe". Era vero, non era una pipa ma un quadro. Come dire di non fidarsi dei giochi, perché sono bugiardi, ingannano.

(adattato da *www.repubblica.it*)

esercitazioni didattiche

11 a *Completa il testo con i **verbi** tra parentesi come nell'esempio.*

(*Dovere*) <u>Dovevo</u> dunque forzare la reticenza di Silvia, ma già queste stesse parole (*dare*) _____ l'idea della mia debolezza. Se io (*essere*) _____ per vent'anni l'oggetto d'amore di Silvia, cioè inerme e tutto sommato illuso, come tutti gli oggetti, sempre passivi, come (*potere*) _____ diventare attivo, pensare di poter fare in qualche modo una azione di forza? (*Potere*) _____ agire soltanto (*assecondare*) _____ il mio destino: di passività e non di attività. (*Dovere*) _____ cioè _____ accettare la realtà del nuovo amore di Silvia e (*mettersi*) _____ tutto sommato sotto il suo ombrello, se ancora (*esserci*) _____ posto per me. E come tutte le persone di indole in realtà passiva, (*agire*) _____ come potevo per (*lenire*) _____ le mie pene: (*costringere*) _____ in un modo o nell'altro Silvia a (*raccontare + mi*) _____ tutto, ogni cosa, ogni minimo particolare del suo amore con il ragazzo. (*Dovere*) _____ sapere molto di più, e cominciai il mio lavoro, perché di lavoro si trattava, quel giorno stesso. Senonché, ma questo allora non (*potere*) _____ saperlo, io in realtà non (*amare*) _____ Silvia, e più che salvarla volevo distruggerla.

Ho detto che la reticenza di Silvia (*essere*) _____ naturalmente sincera. E tuttavia questa volta, per la prima volta, essa non lo (*essere*) _____ : (*essere*) _____ una reticenza che per così dire (*andare*) _____ oltre se stessa e (*immergersi*) _____ in grandi profondità, buie e insondabili. (*Essere*) _____ reticente significa innanzitutto non voler dire la verità ma al tempo stesso non volere mentire. Di solito la reticenza (*esprimersi*) _____ con una mezza verità, cioè con quel tanto di verità che non (*potere*) _____ fare né male né bene. È una caratteristica diplomatica, mondana e dunque sociale. Silvia (*essere*) _____ una donna sociale e molto spesso l'(*vedere*) _____ e sentita reticente nei confronti di altri con molta disinvoltura. Atteggiamento per me molto difficile, anzi impossibile, non tanto perché io (*volere*) _____ essere a tutti i costi sincero quanto perché la mia sincerità di carattere (*stamparsi*) _____ sulla mia faccia anche quando non lo (*volere*) _____ essere. Silvia invece da quei pochi giorni di Firenze (*diventare*) _____ reticente ma al tempo stesso brutale.

Quel mattino (*vedersi*) _____ a colazione. Lei stessa (*venire*) _____ a prendermi allo studio come migliaia di altre volte e con lo stesso atteggiamento amoroso e allegro. Ci si diede il solito bacio, ci (*essere*) _____ uno verso l'altro il solito trasporto, da parte mia sincerissimo ma, sono sicuro, sincero anche da parte sua. Si (*andare*) _____ a un ristorante accanto allo studio (*tenersi*) _____ per mano. Tutto sincero. A un certo punto del pranzo mi parve (*venire*) _____ il momento buono e (*dire*) _____ :

"Ma ti piace fare l'amore con questo ragazzo?".

Silvia fece una lunga pausa, e poi, come chi con un immenso sforzo (*volere*) _____ dominare l'espressione esterna dei suoi sentimenti, (dire) _____ semplicemente e candidamente:

"Mi piace e non mi piace, lo sai come sono fatta, ho le mie difficoltà. E poi non si tratta di una faccenda sessuale. Magari (essere) _____ così. (Avere) _____ le idee più chiare".

"Ma allora l'amore lo fai, questo non me l'(dire) _____".

"Che importanza ha?".

Infatti a (pensare + ci) _____ bene, che importanza (avere) _____? Silvia (dare) _____ per scontato che io (capire) _____ già _____ tutto e che l'aspetto sessuale non (avere) _____ nessuna importanza. Tuttavia (dire) _____:

"Ha importanza, perché chiarisce le cose".

"Invece io ti ripeto che non (chiarire) _____ nulla, che l'aspetto sessuale non ha nessuna o pochissima importanza, e tu (dovere) _____ saperlo (conoscere + mi) _____".

Lo (sapere) _____ ma lo stesso volevo sapere.

"Allora ti sei innamorata, diciamo così, sentimentalmente".

"Semmai è così, mi (conoscere) _____".

"Sì, ma in che senso, in che modo?".

"Mi fa sentire giovane, non (annoiarsi) _____ mai, e per di più riempie quelle stanze che tu per tanto tempo (lasciare) _____ vuote con i suoi movimenti, con la sua energia, con la sua gioventù".

"Al punto di cacciare me di casa…".

Silvia cominciò a miagolare, proprio a miagolare come accade quando si vuole costringere un gatto a stare sulle nostre ginocchia e il gatto (rifiutarsi) _____, si divincola, e alla fine trova il modo di (scappare) _____. Infatti anche Silvia scappò.

"Ma è una cosa provvisoria, te l'(dire) _____, una cosa che (durare) _____ un paio di mesi, poi lui (andare) _____ al mare come tutti i ragazzi e la storia (finire) _____. Del resto tu puoi venire qui quando vuoi, questa è la tua casa lo sai benissimo. (Essere) _____ un'assurdità".

"Ma tu desideri che la storia (finire) _____ qui o che (andare) _____ avanti? Tu dici che finirà, ma nel dirlo sembra che tu (volere) _____ disperatamente che (continuare) _____. Non capisco".

"Ma non lo so, non lo so, come (fare) _____ a risponderti? Questa storia non può andare avanti, non è una cosa reale, è impossibile. Come vuoi che (potere) _____ andare avanti? Sono venticinque anni di differenza, questo qui è un ragazzo, e io sono una donna quasi vecchia… è una storia che non (avere) _____ e non (potere) _____ avere nessun futuro…".

(da Goffredo Parise, *L'odore del sangue*, Rizzoli, 1997)

esercitazioni didattiche

11b *Riscrivi una parte del testo trasformandolo dal **discorso diretto** al **discorso indiretto**, con il verbo della frase principale al passato. Segui l'esempio.*
  - *Fai attenzione a cambiare la punteggiatura e tutto ciò che è necessario.*
  - *Cerca anche delle alternative verbali all'uso di "**disse**" per introdurre il discorso.*

Discorso diretto	Discorso indiretto
A un certo punto del pranzo mi parve fosse venuto il momento buono e dissi: "Ma ti piace fare l'amore con questo ragazzo?" Silvia fece una lunga pausa e poi disse semplicemente e candidamente: "Mi piace e non mi piace, lo sai come sono fatta, ho le mie difficoltà. E poi non si tratta di una faccenda sessuale. Magari fosse così. Avrei le idee più chiare". "Ma allora l'amore lo fai, questo non me l'avevi detto". "Che importanza ha?". Infatti a pensarci bene, che importanza aveva? Tuttavia dissi: "Ha importanza, perché chiarisce le cose". "Invece io ti ripeto che non chiarisce nulla, che l'aspetto sessuale non ha nessuna o pochissima importanza, e tu dovresti saperlo conoscendomi". Lo sapevo, ma lo stesso volevo sapere. "Allora ti sei innamorata, diciamo così, sentimentalmente". "Semmai è così, mi conosci". "Sì, ma in che senso, in che modo?". "Ma è una cosa provvisoria, te l'ho detto, una cosa che durerà un paio di mesi, poi lui andrà al mare come tutti i ragazzi e la storia finirà". "Ma tu desideri che la storia finisca qui o che vada avanti?".	*A un certo punto del pranzo gli parve che fosse venuto il momento buono e le chiese se le piaceva fare l'amore con quel ragazzo…*

12 *Completa il testo coniugando i verbi tra parentesi, come nell'esempio.*

Il martedì di giugno in cui (assassinare) _fu assassinato_, l'architetto Garrone (guardare) _____ l'ora molte volte. Aveva cominciato (aprire) _____ gli occhi nell'oscurità fonda della sua camera, dove la finestra ben tappata non (lasciare) _____ filtrare il minimo raggio. Mentre la sua mano, maldestra per impazienza, (risalire) _____ lungo le anse del cordoncino (cercare) _____ l'interruttore, l'architetto (prendere) _____ dalla paura irragionevole che (essere) _____ tardissimo, che l'ora della telefonata (passare) _____ già _____. Ma non (essere) _____ ancora le nove, (vedere) _____ con stupore; per lui, che di solito (dormire) _____ fino alle dieci e oltre, (essere) _____ un chiaro sintomo di nervosismo, di apprensione. Calma, s'era raccomandato. Sua madre, (sentire) _____ lo muovere (andare) _____ automaticamente a preparargli il caffè; e lui, dopo un buon bagno di cui (avere) _____ bisogno da tempo, aveva indugiato a radersi con meticolosa lentezza. (Esserci) _____ circa quattro ore da far passare.
Ne (restare) _____ tre, quand'(uscire) _____ di casa dopo aver sfiorato con le labbra la tempia di sua madre; e un'altra mezz'ora l'aveva smaltita (allungare) _____ deliberatamente il percorso per raggiungere la fermata, e poi (aspettare) _____ il tram, che a metà mattina (passare) _____ a lunghi intervalli. Prevedibilmente, l'orologio elettrico della vettura (essere) _____ guasto: per via Cibrario, piazza Statuto, e infine lungo tutta la via Garibaldi, le lancette non si spostarono dalle quindici e venti. In polemica con questo piccolo ma significativo indizio di decadenza comunale, l'architetto (rifiutare) _____ di spostarsi verso l'uscita. Del resto (avere) _____ la tessera da invalido e (potere) _____ scendere davanti. (Scendere) _____ davanti. Il tram, che (deviare) _____ a causa di lavori in corso, (ripartire) _____ verso una fermata non sua, in direzione di Porta Palazzo. "Signorine, attente al buco!" (dire) _____ l'architetto. Era già salito sullo stretto marciapiede di tavole che (consentire) _____ il passaggio dei pedoni in via XX Settembre, e indicava a due ragazzotte dall'aria immigrata, scese dallo stesso tram, una sconnessione tra le assi della passerella. Non siciliane. Calabresi, o piuttosto lucane. Una sua abilità: (sapere) _____ riconoscere anche di schiena - anzi, sorrise compiaciuto, soprattutto di schiena - la provenienza esatta delle meridionali. Le (seguire) _____ per un tratto, elastico e in forma, (ammonire) _____ le a mezza voce contro i pericoli della città, poi (riprendere) _____ verso piazza Castello. Prima che (entrare) _____ nel caffè (fermarsi) _____ a guardare le cravatte estive nella vetrina del camiciaio. [...]
L'ora (avvicinarsi) _____, e questa volta (essere) _____ sicuro del fatto suo, questa volta l'istinto gli (dire) _____ che tutto (andare) _____ secondo i piani. (Raggiungere) _____ l'ultima saletta del caffè e (sedersi) _____ ad un tavolino d'angolo. Non (esserci) _____ altri clienti. (Esserci) _____ invece, vicino alla toilette, una cabina telefonica in cui si (potere) _____ parlare al riparo da orecchie indiscrete. Non che la telefonata (potere) _____ andare per le lunghe, a questo punto. Ormai la fase di preparazione (superare) _____. Ormai era soltanto questione di…

(adattato da Fruttero & Lucentini, *La donna della domenica*, Feltrinelli, 1972)

esercitazioni didattiche

13a *Trova nel testo tutti i verbi al **congiuntivo** e inseriscili nella tabella, come nell'esempio.*

| 1 | Il primo inverno della sua vita, come già l'autunno, Giuseppe lo passò in totale clausura, per quanto il suo mondo via via si fosse allargato dalla stanza da letto al resto dell'appartamento. Durante la cattiva stagione, tutte le finestre erano chiuse; ma anche a finestre aperte, in ogni caso la sua piccola voce si sarebbe dispersa nei rumori della strada e nel vocio del cortile. Il cortile era immenso, giacché il caseggiato comprendeva diverse scale, dalla scala A alla scala E. La casa di Ida si trovava all'interno 19 della scala D, ed essendo all'ultimo piano non aveva vicini diretti. Oltre al suo, difatti, su quel ballatoio si apriva soltanto un altro uscio, più in alto, che portava ai serbatoi dell'acqua. E per Ida, nelle sue circostanze, questa era una fortuna. [...] Adesso, non era più nudo; ma infagottato, per ripararsi dal freddo, in vari cenci di lana che lo facevano sembrare un poco più tondo, come i cuccioli nel loro pelo. Il disegno del suo viso ormai si precisava con evidenza. La forma del nasino cominciava a profilarsi, diritta e delicata; e i tratti, puri nella loro minuzia, ricordavano certe piccole sculture asiatiche. Decisamente non somigliava a nessuno della parentela; fuorché negli occhi, quasi gemelli di quegli occhi lontani. Gemelli, però, nella fattura e nel colore; non nello sguardo. L'altro sguardo, infatti, era apparso terribile, disperato e quasi impaurito; e questo, invece, era fiducioso e festante. Non s'era mai vista una creatura più allegra di lui. Tutto ciò che vedeva intorno lo interessava e lo animava gioiosamente. Mirava esilarato i fili della pioggia fuori dalla finestra, come fossero coriandoli e stelle filanti multicolori. E se, come accade, la luce solare, arrivando indiretta al soffitto, vi portava, riflesso in ombre, il movimento mattiniero della strada, lui ci si appassionava senza stancarsene: come assistesse a uno spettacolo straordinario di giocolieri cinesi che si dava apposta per lui. Si sarebbe detto, invero, alle sue risa, al continuo illuminarsi della sua faccetta, che lui non vedeva le cose ristrette dentro i loro aspetti usuali; ma quali immagini multiple di altre cose varianti all'infinito. Altrimenti non si spiegava come mai la scena miserabile, monotona, che la casa gli offriva ogni giorno, potesse rendergli un divertimento così cangiante, e inesauribile. Il colore d'uno straccio, d'una cartaccia, suscitando innanzi a lui, per risonanza, i prismi e le scale delle luci, bastava a rapirlo in un riso di stupore. Una delle prime parole che imparò fu *ttelle* (stelle). Però chiamava ttelle anche le lampadine di casa, i derelitti fiori che Ida portava da scuola, i mazzi di cipolle appesi, perfino le maniglie delle porte, e in seguito anche le rondini. Poi quando imparò a scuola la parola *dondini* (rondini) chiamava dondini pure i suoi calzerottini stesi ad asciugare su uno spago. E a riconoscere una nuova ttella (che magari era una mosca sulla parete) o una nuova dondine, partiva ogni volta in una gloria di risatine, piene di contentezza e di accoglienza, come se incontrasse una persona della famiglia. Le forme stesse che provocano, generalmente, avversione o ripugnanza, in lui suscitavano solo attenzione e una trasparente meraviglia, al pari delle altre. Nelle sterminate esplorazioni che faceva, camminando a quattro zampe, intorno agli Urali, e alle Amazzonie, e agli Arcipelaghi Australiani, che erano per lui i mobili di casa, a volte non si sapeva più dove fosse. E lo si trovava sotto l'acquaio in cucina, che assisteva estasiato a una ronda di scarafaggi, come fossero cavallucci in una prateria. Arrivò perfino a riconoscere una ttella in uno sputo. Ma nessuna cosa aveva potere di rallegrarlo quanto la presenza di Nino. Pareva che, nella sua opinione, Nino accentrasse in sé la festa totale del mondo, che dovunque altrove si contemplava sparsa e divisa: rappresentando lui da solo, ai suoi occhi, tutte insieme le miriadi dei colori, e il bengala dei fuochi, e ogni specie di animali fantastici e simpatici, e le giostre dei giocolieri. Misteriosamente, avvertiva il suo arrivo fin dal punto che lui cominciava appena la salita della scala! E subito si affrettava più che poteva, coi suoi mezzi, verso l'ingresso, ripetendo: ino, ino, in un tripudio quasi drammatico di tutte le sue membra. Certe volte, perfino, quando Nino rientrava di notte tardi, lui, dormendo, al rumore della chiave si rimuoveva appena e in un sorrisetto fiducioso accennava con poca voce: ino. |

(da Elsa Morante, *La storia*, Einaudi, 1974)

Congiuntivo	Infinito	Tempo	Dipende da
si fosse allargato	allargarsi	trapassato	per quanto

13b *Collega i connettivi alle definizioni corrispondenti, come nell'esempio.*

	Riga	Connettivo	Definizione
1)	1	già	a) introduce una conferma
2)	5	giacché	b) introduce una conferma
3)	7	difatti	c) indica un'eccezione o un'esclusione
4)	11	ormai	d) esprime un'azione precedente
5)	13	fuorché	e) indica un'azione passata da poco o pochissimo tempo
6)	14	infatti	f) introduce un'alternativa che rende possibile qualcosa detto in precedenza
7)	23	altrimenti	g) indica che la situazione diventa a un certo punto non più modificabile
8)	31	magari	h) esprime una probabilità
9)	39	perfino	i) indica un limite massimo di possibilità, o comunque la particolarità della situazione
10)	44	appena	l) introduce una causa

esercitazioni didattiche

13 c *Nel testo, dalla riga 1 alla riga 33, sono presenti i nomi della lista. Ricava i corrispondenti **aggettivi**, come nell'esempio.*

inverno	fortuna	stelle	fiori
invernale			
autunno	pelo	movimento	scuola
stagione	evidenza	spettacolo	gloria
rumori	minuzia	divertimento	contentezza
strada	pioggia	colore	accoglienza

14 a *Coniuga i verbi tra parentesi al **congiuntivo** e trasforma le **forme esplicite** in **forme implicite** (se è necessario aggiungi una preposizione), come nell'esempio.*

Risponde Umberto Galimberti

Mi è capitato *mentre parlavo/ parlando* con amici, *che venissi/_____* a conoscenza del fatto che avevano chiesto e ottenuto la nullità di matrimonio alla Sacra Rota. Non immaginavo *(1. essere)* _____ un fenomeno che *(2. potere)* _____ coinvolgere anche miei conoscenti. *Mi sono incuriosita e/_____* ho chiesto ai richiedenti quali *(3. essere)* _____ le motivazioni *che erano state presentate/_____* in tali richieste. Ecco le risposte: uno di loro, sessantenne, mi ha spiegato che, *siccome aveva perso/_____* le cause contro il coniuge, era ricorso al Tribunale ecclesiastico, con la speranza che una sentenza del clero *(4. potere)* _____ annullare definitivamente un periodo della sua storia; un'altra amica con due figli quasi ventenni, invece, mi ha detto che aveva chiesto la nullità del matrimonio perché le dava fastidio che il cognome del coniuge, padre dei suoi due figli, *(5. comparire)* _____ sui suoi documenti nella eventualità di un secondo matrimonio.
Le chiedo: falsi modelli di pensiero o false prove possono convincere i giudici ecclesiastici, *che sono investiti/_____* da un'alta funzione, quale quella della ricerca della verità, *affin-*

*ché assecondino/*_____ tali richieste? Vivo molto fra i giovani e noto in loro un forte bisogno di verità, di moralità, di spiritualità, ma soprattutto di coerenza, *che è negata/*_____ spesso dalla Chiesa. Infatti, dall'ultimo Sinodo dei Vescovi si evince l'esortazione ai giudici ecclesiastici *perché concedano/*_____ più facilmente e celermente la nullità di matrimonio, adducendo oltre alle solite motivazioni anche quelle di ordine psicologico. Appare chiaro che dietro tutto ciò c'è la politica di Papa Benedetto XVI, *che è mirata/*_____ a gestire il preoccupante aumento dei divorziati e dei separati, con il conseguente allontanamento dalla Chiesa di quanti si sentono emarginati. Mi domando allora se dietro un simile orientamento *(6. esserci)* _____ solo l'intento di non perdere "fedeli cristiani", o se, piuttosto, la Chiesa *(7. essere)* _____ soprattutto preoccupata della perdita di una cospicua fonte di reddito.

Beatrice Bruni

Che la Chiesa lo *(8. fare)* _____ per denaro o *perché gestisca/*_____ il popolo dei divorziati poco conta. Perché quel che conta è che la religione cristiana ha abdicato alla sua funzione di gestire il Sacro, che è l'ambito in cui si agitano espressioni di rifiuto radicale della normalità, processi simbolici di rinascita e trasformazione, e dove in gioco sono quelle situazioni-limite che i sacerdoti (mediatori del sacro in tutte le culture) in possesso delle metafore di base in cui l'umanità riconosce se stessa, quando la follia della mente disorienta l'anima e la ragione perde ogni vigore. *Nel momento in cui è venuta/*_____ a patti con la ragione, con la buona educazione, con la cultura, con la morale civile, la religione ha abbandonato il regime "notturno" del sacro, diventando evento "diurno", e occupandosi di morale sessuale, di aborto, di divorzio, di scuola pubblica e privata. E così, *poiché si produce/*_____ in discorsi che ogni società civile può fare tranquillamente da sé, lascia il sacro o alla solitudine dei singoli che cercano rimedi in farmacia, o alla follia dei gruppi. Se c'è una possibilità per il cristianesimo *che recuperi/*_____ il rapporto con il sacro, questa possibilità passa attraverso la rinuncia, da parte del cristianesimo, a legiferare in sede morale, perché non c'è proporzione tra il sapere divino e il sapere umano, quindi costringere il giudizio di Dio nelle regole con cui gli uomini hanno organizzato la loro convivenza e confezionato le loro morali è impossibile.

Umberto Galimberti, filosofo e psicanalista
(adattato da *www.repubblica.it*)

14b *Indica le ragioni dell'uso di ogni verbo al **congiuntivo presente** nel testo, come nell'esempio*

1. <u>L'uso dipende da "immaginavo".</u>
2. _____
3. _____
4. _____
5. _____
6. _____
7. _____
8. _____

esercitazioni didattiche

15 *Leggi il testo e poi riscrivilo trasformandolo dal **discorso diretto** al **discorso indiretto**, con il verbo della frase principale al **passato**. Attenzione! Cambia tutto ciò che serve a rendere il dialogo il più chiaro possibile, come nell'esempio. Cerca anche delle alternative verbali all'uso di "**disse**" e "**rispose**" per introdurre il discorso.*

Ma Luciano era dispiaciuto soprattutto per Olga. Le telefonava a casa ogni sera.

Luciano:	Commessa in libreria… Ma sei sicura?
Olga:	Perché, cassiera in un supermercato pensi che sia tanto meglio?
Luciano:	È più… dignitoso. Hai un dottorato, Olga! In filologia romanza, ti rendi conto? Se vai a fare la libraia ti svendi. Vedrai: diventerai una specie di fiore all'occhiello per loro, ma non aspettare che ti paghino in proporzione. Sarà uno sfruttamento bello e buono, per quei quattro soldi che ti daranno. I colleghi della libreria ti guarderanno storto perché sei troppo colta. E augurati di non avere un direttore ignorante! Vedrai quante umiliazioni subirai, se ti capita come direttore del negozio un invidioso che si vendica perché la sai più lunga di lui.
Olga:	Mentre adesso, in supermercato, sai quante soddisfazioni…
Luciano:	Non lo so, lo trovo più rispettoso verso te stessa, guarda. Lì almeno gli dai né più né meno quello che ti chiedono. Non hanno mica assunto un genio della matematica per sommare i prezzi dei detersivi.
Olga:	Sei mai stato seduto ore e ore a passare codici a barre sul lettore ottico? Hai mai provato a cercare di rimanere concentrato in tutti i modi su un gesto che ripeti mille volte al giorno, perché se ti distrai e dai il resto sbagliato te lo scalano dallo stipendio?
Luciano:	Olga… Mi dispiace per ieri sera. E per ieri l'altro. Mi dispiace per tutto.
Olga:	Non ti devi scusare. È stato quasi divertente. A parte il graffio sulla guancia. Quella cretina ha le unghie lunghe. Sono stata stupida io a provocarla.
Luciano:	Adesso ti scusi tu…! È tutta colpa mia, ho avuto io l'idea degli Etruschi.
Olga:	Non era per niente assurda. E poi a me è servito provare a mettermi in gioco. Anche se erano quattro gatti, non avevo mai fatto qualcosa in pubblico da… da protagonista… Anche se poi mi sono ingarbugliata con i nomi.
Luciano:	Te la sei cavata benissimo, invece. Anzi, vuoi che ti dica una cosa?
Olga:	Dimmi.
Luciano:	Sai che ci hanno fatto i complimenti? Una delle signore anziane.
Olga:	Quella a cui hanno rovesciato addosso il vino?
Luciano:	No, l'altra. Mi ha telefonato stasera.
Olga:	Ti conosceva?
Luciano:	Ma no… Era molto formale. Si è scusata cento volte perché si era permessa di chiedere il mio numero di telefono. È rimasta molto impressionata dalla nostra recitazione, e sarebbe molto lusingata di conoscermi meglio. Vorrebbe che chiacchierassimo insieme di cultura e di altre cose belle…

(adattato da Tiziano Scarpa, *Cosa voglio da te*, Einaudi, 2003)

Ma Luciano era dispiaciuto soprattutto per Olga. Le telefonava a casa ogni sera.

Le chiese se davvero voleva fare la commessa in libreria, se era sicura.

Olga rispose chiedendogli se pensava che fare la cassiera in un supermercato fosse tanto meglio.

Lui aggiunse che era più dignitoso.

16a *Riscrivi il testo al **passato**, come nell'esempio.*

> Associazione culturale "**Invece della rivoluzione**".
> Riunione del 20 giugno 2000.
> Presenti: Martina e Nicola. Assenti: Luciano e Olga.
> **Ordine del giorno:** varie ed eventuali.
>
> Martina chiede a Nicola se ha senso fare una riunione in due.
>
> Nicola sostiene che gli dispiace tanto, ma chi se ne va ha sempre torto.
>
> Martina dice che appunto, lui se ne va ogni due minuti in cucina, se proprio hanno deciso di portare avanti questa riunione che almeno stia seduto e le dia retta.
>
> Nicola si giustifica dicendo che sta aspettando che l'acqua si metta a bollire, e si alza di nuovo. Quando torna dalla cucina le offre un tè.
>
> Martina accetta. Poi chiede come mai Nicola si sta sbriciolando mezza sigaretta dentro la tazza.
>
> Nicola spiega che sta cercando di smettere di fumare, e ha pensato che lasciando in infusione un po' di tabacco la nicotina si scioglie nell'acqua calda. È molto più economico che comprare pasticche in farmacia, e l'organismo intanto assume una piccola dose di nicotina senza patire crisi di astinenza.
>
> Martina nota che sono finiti a parlare di vizio del fumo, che è l'argomento più banale che ci sia dopo i segni zodiacali.
>
> Nicola le chiede se vuole assaggiare un po' della sua infusione alla nicotina.
>
> Martina ribadisce che sono a corto di argomenti, e questo non è bello, in qualità di soci fondatori dell'Associazione non ci stanno facendo una bella figura, ora che le teste pensanti se ne sono andate e che l'Associazione è rimasta in mano a loro due che dovrebbero dimostrare che nessuno è insostituibile, anche per amor proprio, insomma. Ritiene che dovrebbero innanzitutto decidere che cosa fare dopo la scomparsa di Luciano e il trasferimento di Olga.
>
> Martina fa ancora sapere a Nicola che Olga ha deciso di vivere a Milano anche se non dovessero prenderla a quella specie di tivù nuova. A costo di fare la lavapiatti non vuole più tornare a casa.
>
> (adattato da Tiziano Scarpa, *Cosa voglio da te*, Einaudi, 2003)

*Martina **chiese** a Nicola se **aveva** senso fare una riunione in due.*
*Nicola **sostenne** che gli **dispiaceva** tanto, ma chi se ne va ha sempre torto.*

16b *Riscrivi il verbale della riunione tra Martina e Nicola dal discorso indiretto al **discorso diretto**. Cambia, aggiungi o togli tutto ciò che ritieni opportuno, come nell'esempio.*

Martina chiede: "Ma ha senso fare una riunione in due?"
Nicola sostiene: "Mi dispiace tanto, ma chi se ne va ha sempre torto".
Martina dice: "Appunto, tu…

17 *Trasforma, solo dove possibile e necessario, le **forme esplicite** in **forme implicite** (se serve aggiungi una preposizione), come nell'esempio.*

Quante menzogne diciamo?

Nella vita quotidiana si mente spesso o raramente? *Perché si possa rispondere/<u>Per rispondere</u>* a questa domanda gli psicologi hanno fatto ricorso a una serie di studi naturalistici sul campo *e hanno impiegato/_____* il metodo del diario. In pratica, si richiede ai partecipanti *che segnino/_____* ogni giorno su appositi protocolli tutte le volte in cui hanno mentito, a chi, in che modo, per quale ragione e scopo, quali emozioni *hanno provato/_____*, come ha reagito l'interlocutore ecc.
Da questi studi *che sono stati condotti/_____* soprattutto negli Stati Uniti, è emerso che mentire è una situazione diffusa e quotidiana. In particolare, durante la conversazione le persone fanno ricorso ad affermazioni in cui c'è qualche inganno nel 61% dei casi. In generale, *si tratta/_____* di menzogne non gravi, che richiedono un limitato impegno mentale *affinché siano pianificate e siano comunicate/_____*, che non implicano un forte stress né prima né dopo, e *che non preoccupano/_____* più di tanto nel caso si venisse scoperti. I soggetti riferiscono inoltre che, *quando mentono/_____* sono consapevoli della menzogna *che è stata detta/_____*, e si aspettano comunque *che vengano creduti/_____*, e - a loro avviso - raccontano meno menzogne dei propri compagni, e che nel 70% dei casi lo rifarebbero.
Se si considera/_____ tuttavia la frequenza delle menzogne, *esiste/_____* una differenza rilevante fra le *relazioni di intimità* e quelle con estranei. L'ideale di molte coppie è rappresentato proprio dal "dirsi reciprocamente ogni cosa" e "non nascondersi nulla". Di conseguenza, la percentuale delle menzogne *che sono prodotte/_____* tende a diminuire sensibilmente nelle relazioni di intimità. Ciò per diverse ragioni. Anzitutto nelle relazioni di intimità il fatto *che si dicano/_____* bugie rompe i patti di fiducia, di confidenza e di apertura reciproca su cui si fondano tali relazioni. In secondo luogo esse *sviluppano/_____* un grado notevole di conoscenza reciproca, caratteristica per la quale diventa difficile *che si menta/_____* e *si dicano/_____* cose false senza *che si venga/_____* scoperti e smentiti. Nelle relazioni intime, quindi, non vale la pena *che si raccontino/_____* menzogne di poco conto, poiché i costi sono superiori ai benefici.
Un caso diverso *è rappresentato/_____* dalle menzogne serie e importanti.
Il quadro *che è stato rappresentato/_____* vale soprattutto per le relazioni di coppia. Nei rapporti tra genitori e figli, invece, aumentano le menzogne *che vengono dette/_____* dai figli, ciò *perché si evitino/_____* il controllo e le sanzioni da parte dei genitori, nonché *affinché si ottengano/_____* da essi risorse e benefici. Egualmente nelle relazioni tra amanti aumenta la frequenza delle menzogne *affinché si crei/_____* un'immagine più favorevole, e per essere ammirati.

(da Luigi Anolli, "Mentire" in *Le emozioni*, Edizioni Unicopli, 2002)

18 *Completa il testo con i **verbi** nei modi e tempi che ritieni opportuni, come nell'esempio.*

A Ilaria (sembrare) <u>sembrava</u> che non (emanare) _____ alcuna tranquillità o pace, da quel gatto, ma invece inquietudine e apprensione. (Essere) _____ un gatto terribilmente nervoso. (Guizzare) _____ e (sfrecciare) _____ dappertutto, poi (nascondersi) _____ sotto gli armadi, e a un tratto (avventarsi) _____ sulla testa di lei, rovistava nei suoi capelli e li succhiava. (Sembrare) _____ che (sapere) _____ che (essere) _____ lei la persona delegata a (proteggere + pronome) _____, la persona che al mondo sostituiva sua madre, gatta lontana che lui non (incontrare) _____ mai più. Quando lei portava la vaschetta gialla in cucina, per (cambiare) _____ la sabbia, lui (fare) _____ capriole di gioia, come se (trovare) _____ bello che qualcuno (occuparsi) _____ della sua sabbia. Più tardi, lei (ricordare) _____ di lui soprattutto quelle capriole gioiose. Una notte le sembrò raffreddato e caldo di febbre, e (pensare) _____ che (morire) _____. Le (parere) _____ troppo piccolo perché (potere) _____ sopportare una malattia. Il mattino dopo, (telefonare) _____ alla signora Devoto, che le diede l'indirizzo di un veterinario. Lo portò dal veterinario, (avvolgere + pronome) _____ in uno sciaelletto scozzese. Quando più tardi (ricordare) _____ quel gatto (ripensare) _____ a stoffe scozzesi, la borsa della signora Devoto, lo scialletto quel giorno della febbre.
Nella sala d'aspetto del veterinario c'era molta gente, con cani e gatti. (Trascorrere) _____ molte ore. A una signora che (essere) _____ seduta vicino a lei con un enorme cane nero al guinzaglio, lei disse: "Io (venire) _____ qui per la prima volta". La signora disse: "Si capisce che lei non (avere) _____ animali prima". Queste parole la colpirono e lei (chiedersi) _____ da cosa si (capire) _____, forse dal fatto che (venire) _____ col gatto nello scialle, gli altri lì avevano i loro gatti chiusi in cestini appositi, comodi per (portare + pronome) _____ dai medici e per (viaggiare) _____. Pensò quel giorno che (entrare) _____ nella cerchia delle persone che (avere) _____ e (amare) _____ gli animali, una cerchia di persone particolari, unite fra loro da una sorta di complicità molto tenue ma tuttavia stretta.

(adattato dal racconto *Famiglia* di Natalia Ginzburg, Einaudi, 1983)

esercitazioni didattiche

19a *Completa il testo con i 15 verbi della lista, coniugandoli al **gerundio semplice e composto**. Attenzione! Ci sono quattro spazi in più.*

andare   avere   cercare   distaccarsi   esagerare
guadagnare   manifestare   rientrare   rigirarsi   roteare
sbuffare   scuotere   tenersi   vedere   venire

Chiedo al cinese del ristorante quanto ci vuole da lì alla stazione Ostiense , "dieci minuti" mi risponde, ma poi fatico a trovare il taxi per telefono, quello _____ sbaglia strada, mentre io m'innervosisco sotto la pioggerellina _____ passare altri taxi liberi, sicché quando il mio finalmente arriva è mezzanotte meno quattro minuti e il treno parte a mezzanotte e dieci. Metto la testa nel finestrino: "Ce la fa a portarmi in tempo per prendere il treno?" chiedo, lui calcola e risponde di sì. [...]
Il guidatore ha confidenza nel suo mezzo, _____ è fuso con esso e con la musica che esce dalle casse della radio. Però adesso sta _____, e non ce ne sarebbe nemmeno bisogno perché tra cinque minuti arriviamo in stazione _____ e io prenderò tranquillo il mio treno per Alessandria, ma forse il compiacimento del guidatore è tale che vuole andare oltre il compito assegnato, vuole mostrare un dominio assoluto sulla mappa della città, e siccome trova una breve fila di macchine al semaforo rosso all'incrocio tra il Teatro di Marcello e l'Anagrafe, si butta a sinistra e supera tutte le auto ferme, _____ tempo prima che scatti il verde, ed ecco che il semaforo infatti cambia colore nel preciso istante in cui stiamo per rientrare nella nostra corsia in testa a tutti e il taxi driver preme _____ di nuovo sull'acceleratore per l'ultimo sorpasso decisivo. Non sono sicuro che sia andata proprio così, pensavo ad altro, forse al sonno con cui combattere nel sarcofago del vagone letto. Io non mi aspetto niente dai convegni, che ho sempre trovato di una noia interminabile. [...] Una miscela di presunzione, struggente desiderio di sapere e protagonismo frustrato mi spinge a criticare gran parte di quello che viene detto, _____ il mio disappunto con smorfie, _____ gli occhi e _____, _____ la testa, _____ sulla sedia come se fosse terribilmente scomoda. [...]
Ora ho imparato a trasformare l'irrequietezza in indifferenza oppure a chiacchierare e scherzare fittamente col vicino. _____ sempre e soltanto maschi come compagni di banco, mi piace avere vicino una giovane donna e accostarle la bocca all'orecchio per parlarle delle sue scarpe, di supermercati, di difetti fisici, qualsiasi cosa. Quanto si è alzato il tacco negli ultimi due anni! Persino i classici mocassini ora ne hanno di sette centimetri almeno.
È forse il tipo di conversazione che preferisco, due che parlano sottovoce _____ dall'ambiente, in opposizione all'ufficiale serietà pubblica. [...]
Qualcosa però non sta _____ per il verso giusto perché proprio nel momento in cui stava accelerando, il tassista frena e io vengo scagliato contro il sedile davanti, il che è un fatto positivo dato che lo schienale mi protegge dall'urto ben più violento che segue un istante dopo. [...]
Scesi dal taxi, era un minuto passata la mezzanotte e la scena si presentava così: _____ nella gran via costeggiata da templi e lucida, luccicante di bagnato, il taxi e una seconda automobile (mi pare una vecchia Opel Kadett celestina, ma poteva essere qualsiasi altro modello e colore) si fronteggiavano come macchinette scontrate, ammusate, illuminate ridicolmente dall'interno, se non che i loro musi in pratica non esistevano più, _____ di un buon metro ciascuno, e dall'ammasso contorto dei cofani usciva fumo, i motori distrutti sfrigolavano sotto la pioggia. Gli

occupanti dell'altra macchina avevano sfondato il vetro a testate e uno girava in tondo _____ la fronte insanguinata. La successione temporale del resto della nottata ha aspetti discutibili, la ricostruirò più tardi, per ora dico solo che afferrai la mia valigetta e in preda a un leggero shock vagai sotto l'acqua _____ a quell'incrocio un altro taxi con l'idea di riuscire a prendere comunque il mio treno. Non lo presi.

(adattato dal romanzo *Maggio selvaggio* di Edoardo Albinati, Mondadori, 1998)

19b *Inserisci nella tabella i **gerundi** del testo distinguendoli in base alla loro funzione, come nell'esempio.*

Verbi	Funzione modale (come)	Funzione concessiva (sebbene)	Funzione causale (siccome)	Funzione temporale (quando)	Funzione ipotetica (se)	Funzione progressiva (dopo stare)
venendo				X		

esercitazioni didattiche

20 a *Completa il testo, tagliato nella parte destra di entrambe le colonne.*

Il maestro che rifiutò la gloria mettendosi contro il Rinascimento

Interpretava la crisi della Chiesa, travolta da Riforma, mostrando figure sfuggenti tenebrose. Girolamo Romanino, in mostra Trento, ha segnato a modo suo il Cinquecento. dispetto di tutti. Girolamo Romanino? Oggi conoscono in pochi, ma quarant'anni fa i grandi intellettuali italiani lo consideravano u dei maestri dell'arte del Cinquecento. Per Pasol il suo talento era superiore a quello di Tizia Testori riteneva che avesse anticipato Caravagg mentre Guttuso aveva definito il suo realis "grande e terribile". Giudizi troppo lusinghi Non si direbbe, a giudicare dai capolavori venienti da tutto il mondo riuniti in occasi della mostra *Girolamo Romanino. Un pittore rivolta nel Rinascimento italiano*, dal 29 lu nelle sale del Castello del Buonconsiglio di Tren Cento opere, tra dipinti e disegni, selezionat Francesco Frangi, Lia Camerlengo, Enzo Chi Francesca de Grammatica per raccontare l ventura di Romanino partendo dal luogo in ha lasciato la sua zampata d'artista: la volt una loggia affrescata con scene mitologich sembrano uscite dal pennello dei suoi colle d'oltralpe come Dürer, Holbein o Altdorfer.

20 b *Il testo continua. Scegli l'espressione più adatta al contesto.*

In lui non c'è <u>nessuna licenza/nessuna concessione/nessun permesso</u> alla classicità: volti espressivi e violenti, e corpi <u>deformati/alterati/modificati</u> e drammatici, più vicini alla pittura tedesca che a quella italiana. Eppure Girolamo Romani, detto il *Romanino* (1484-1560) in Germania non c'era mai stato. Lui abitava a Brescia, città nella quale si era fatto <u>vedere/scorgere/notare</u> fin da giovane per la sua rapidità <u>nell'ornare/nel pitturare/nell'affrescare</u> chiese e cappelle con scene sacre particolarmente estrose e espressive. Inizialmente <u>osservò/guardò/vide</u> a Venezia e dipinse opere ispirate alle

tinte soffuse del Giorgione e del giovane Tiziano come la *Madonna col bambino* (1507-1508) esposta in mostra insieme a *Salomè* (1515) del Vecellio. Si sposò, fece otto figli e mise su <u>un negozio/una bottega/un'attività</u> ben organizzata, in cui continuò a dipingere <u>pale/porte/dipinti</u> d'altare e gonfaloni per chiese e conventi della sua città. Ma a dirla tutta il suo vero talento era nell'affresco, e lo dimostrano le quattro *Storie di Cristo* del Duomo di Cremona, dipinte nel 1519. <u>Si fermò/Smise/Interruppe</u> di imitare i suoi colleghi veneziani e cominciò a guardare oltre le Alpi, per studiare il realismo esasperato dei tedeschi.

(adattato da www.repubblica.it)

21a *Completa il testo coniugando i verbi della lista nei seguenti modi, come nell'esempio:* **indicativo, congiuntivo, condizionale, infinito, gerundio.** *I verbi sono in ordine.*

iniziare   essere   riuscire   mettere   accingersi   fornire   potere
disorientare   cercare   accorgersi   arrivare   dimostrarsi   iniziare   dimostrarsi
impegnarsi   essere   dedicare   negare   dovere   dire   dare + pronome
ringraziare   capire   comprendere   comprendere   diventare   essere   riservare
esserci   prendere   funzionare   finire   ringraziare   sembrare   dirsi

L'anima non è una scienza

Ho venticinque anni e sono uno dei molti laureati della facoltà di psicologia di ******, ora in cerca di lavoro. Quando *iniziai* l'università sei anni fa _____ felice della mia scelta.
Felice in particolare perché speravo di _____ a _____ un po' di ordine dentro di me attraverso gli studi che _____ a iniziare. Ero sicuro che la "madre scienza" mi _____ dei luoghi nella mia anima in cui _____ inserire tutte le emozioni che in passato mi _____.
In parole povere, _____ nella psicologia la Risposta al Senso del mio esistere. Niente di più errato. Ci misi tre anni perché _____ che le risposte che cercavo non mi _____, almeno non da quella facoltà. I docenti, distratti e distanti, _____, qualunque corso io _____ a frequentare, unici detentori della Verità. Mi apparivano arroganti, e molto presto _____ intrisi di quel narcisismo che loro stessi considerano tanto patologico quando _____ nella lettura dei loro manuali. Ma soprattutto, comportamentisti, cognitivisti o analisti che _____, la gran parte delle loro energie _____ alla ricerca disperata di quella scientificità che la medicina ci _____ sempre _____.

Il senso del mio esistere non lo so ancora, lo sto costruendo. [...]
Se _____ raccontare ancora di più, _____ che è stata la filosofia a _____ delle risposte, delle motivazioni del mio stare al mondo. Per questo non posso far altro che _____ la mia ragazza, laureata in filosofia, che mi ha dato i mezzi affinché _____ un po' di più quell'umanità che prima in realtà _____ ben poco. Si badi, non che ora _____ tutto e tutti, non è che tutto mi _____ improvvisamente trasparente e chiaro. Non _____ realtà se non ci _____ una quota cospicua di necessaria opacità e incomprensibilità. Ma di passi avanti ne ho fatti, e probabilmente non _____ se non _____ con umiltà le distanze dalla pretesa scientificità della psicologia; dalla sua incongrua idea che le persone _____ in base a meccanismi di causa-effetto. Ecco perché - _____ ora l'università - _____ la facoltà di psicologia mi _____ eccessivo. Un'università che non ha nemmeno un esame di filosofia, e che si culla nell'illusoria convinzione di _____ "scientifica".

Lettera firmata

21b *Il testo continua. Completalo inserendo negli spazi le **preposizioni semplici e articolate** e gli **articoli determinativi** solo dove necessario.*

Mi rendo conto che la psicologia cosiddetta _____ "scientifica", quella che si insegna _____ nostre università, è molto orgogliosa _____ essersi emancipata _____ filosofia. L'evento è stato celebrato _____ seconda metà _____ secolo scorso, quando si prese _____ considerare i fenomeni psicologici _____ lo stesso sguardo _____ cui si consideravano i fenomeni _____ natura.

Metodi _____ osservazione, condizioni _____ laboratorio _____ lo studio _____ comportamento, misurabilità, simulazione _____ modelli, adozione _____ procedure statistiche, complicità _____ le metafore biologiche (dove _____ sapere che si tratta _____ metafore sono naturalmente i biologi e non gli psicologi) hanno consentito _____ soddisfare _____ modo estrinseco l'ansia _____ psicologi _____ poter essere inclusi _____ area _____ "scienziati". Ma già _____ '36 Edmund Husserl, _____ *La crisi delle scienze europee*, avvertiva che " La scienza è pur sempre un'ideazione che _____ umanità ha prodotto _____ corso _____ sua storia, sarebbe perciò assurdo se l'uomo decidesse _____ lasciarsi definitivamente giudicare _____ una sola delle sue ideazioni".

Sappiamo infatti che _____ scienza non ha rapporto _____ la "verità", perché ciò che essa produce sono solo proposizioni "esatte", _____ cui accostare _____ psiche "scientificamente" non significa trovare la verità _____ psiche, ma semplicemente quel risultato che il metodo ha prodotto. La scienza sa _____ questo suo limite, non _____ altrettanto forse _____ psicologia. Se infatti la psicologia riconosce _____ soggettività la sua area _____ indagine, cosa risponde _____ Husserl quando osserva che _____ soggettività non può essere riconosciuta _____ nessuna scienza _____ oggettiva?

Che dire _____ questo punto? _____ conclusione _____ momento più corretta mi pare ancora quella _____ filosofo e psicopatologo Karl Jaspers: "_____ esclusione _____ filosofia è funesta _____ la psicologia, perché _____ colui che non è chiaramente consapevole _____ una filosofia, questa si introduce senza che egli se ne accorga _____ suo pensiero e _____ suo linguaggio scientifico, fino _____ renderlo poco chiaro sia scientificamente, sia filosoficamente".

Quando gli psicologi, gli psichiatri e gli psicoanalisti smetteranno _____ fare _____ sacerdoti chiusi _____ rispettivi templi e, uscendo fuori, riallacceranno un dialogo _____ la filosofia, _____ cui un giorno, separandosi, sono nati? _____ chiederlo è _____ fondo l'oggetto stesso _____ loro sapere: l'anima, _____ proposito _____ quale già Eraclito avvertiva: "_____ quanto tu cammini, non incontrerai mai i confini _____ anima, tanto è profondo _____ suo logos".

Umberto Galimberti, filosofo e psicanalista

(adattato da *www.repubblica.it*)

22 *Correggi gli **errori** presenti in questa lettera, riscrivendola nella colonna di destra in maniera corretta, come nell'esempio.*

Cara Susanna,
alla fine ricevi una mia lettera! Ti prego scusare il mio ritardo. Facendo un album con le fotografie su Firenze, anche mi è venuto a mente che non ti ho scritta fin'ora.
Allora, da raccontare ci sono molta cose. Dove devo cominciare?
In questo periodo sto molto stressata a scuola e a causare dello stress ero deciso di non faccia l'esame di italiano. Come voglio provarlo a giugno, ho decido per leggere regolaremente e di abbonarmi ad una rivista di italiano per stranieri.
Quando ritornata di Firenze ho saputo che un amico di me è caduto con un'aereo sportivo e nessuno sapeva se lui potrebbe ancora una volta di camminare. Ora vai molto meglio per fortuna, ma mi ho resa conto come nostra vita può cambiare veloce da un giorno in un altro!
E ora bella notizia: una settimana fra ha nato il mio nipoto, il figlio del mio fratello. È biondissimo e bellissimo. Si chiama Pascal. Devo cercare a non viziarlo, ma è molto difficile. È da vero tenera. Solo se tu possa lo vedere…com'è carino, davvero ti lo giuro.
E tu? Come stai? Tutto al posto? Come era il tuo Capodanno a Budapest? Avrebbe molto interessante a ascoltare come va la tue vita e spero che tu non abbi dimenticato che sia sempre benvenuta quì.
Tanti saluti di Maienfeld e te prometto che la prossima volta non debba aspettare la mia lettera così lungo. Spero pure che noi potremmo vedersi al prima possibile.

Ti abraccio - Sabine

Cara Susanna,
finalmente ricevi una mia lettera!

esercitazioni didattiche

23a *Le frasi d'esempio si chiamano* **scisse**. *Hanno un elemento in posizione diversa da quella usuale. La loro costruzione separa in due frasi un'unica informazione.*

Frase scissa	Frase non scissa
È mio fratello che fa il giornalista.	Mio fratello fa il giornalista.
Sono Franco e Pina che fanno una festa domani.	Franco e Pina fanno una festa domani.

Ora, cerca nel testo le 4 frasi scisse e riscrivile nella forma originaria più semplice.

Guerra al silenzio

È ormai questo che abbiamo capito: sarà l'estate dell'iPod, sarà il tempo dell'iPod.
In spiaggia, in treno, per strada, il minuscolo oggetto si accompagna ai nostri ragazzi (l'ultima moda è portarlo legato al deltoide, pare). Anche gli adulti lo usano, ma sono proprio i giovani ad ascoltarlo per ore e ore, isolati dal mondo e dagli altri, e a questo punto l'ipotesi che sia l'iPod a creare un inedito autismo non appare affatto assurda. L'iPod è un esempio di tecnologia straordinario, la sua capacità di riprodurre suoni è ottima. È fortemente individualizzato: contiene come minimo 150 brani, è una specie di radio personale, ha una quantità di accessori. Ma è l'uso che se ne fa che è preoccupante.

23b *Il testo continua. Completalo con i **verbi** della lista sulle righe_____ e con i **pronomi personali**, "ci", "ne", "si" impersonale, relativi, indefiniti e particelle avverbiali sulle righe ………
Attenzione! I verbi sono in ordine e in uno stesso spazio ci possono essere anche 2 pronomi.*

> trovare   spegnere   potere   essere   essere   confermare   nascere
> esistere   essere   muoversi   esistere   avvertire   mutare
> bombardare   parere   potere   insufflare   rappresentare
> servire   esistere   volere   consigliare   stare   conoscersi
> porsi   vigere   escludere   esserci   appartenere

I ragazzi ……… appiccicano all'orecchio e ……… tengono per ore, in una guerra non dichiarata al silenzio. È diverso, per esempio, dall'ascoltare la radio: lì può capitare che non ……… _____ canzoni che ……… piacciono, e allora si _____; la *compilation* dell'iPod invece ……… siamo fatta da soli, e ……… ci troveremo sicuramente. Quindi non ……… spengo mai. Sembra che non ……… _____ sottrarre a questa specie di fascinazione. Come se il silenzio _____ solo mancanza, non vita. Come se l'iPod _____ la batteria dell'esistenza. Questo tipo di consumo è un segnale, ……… _____ come la vita, oggi, non _____ più da pensieri, desideri e sensazioni interiori. Tutto avviene fuori, _____ solo l'esterno, e l'iPod è la pila ……… porta energie all'orecchio come se una persona _____ un giocattolo: se c'è una batteria ……… funziona _____, altrimenti no, è come morto, come un pupazzo. E non ……… può fare a meno. A volte sembra che l'identità, nei giovani non _____ più. Di solito ……… di noi, nonostante _____ i cambiamenti dell'infanzia, dell'adolescenza, dell'età adulta, ha la percezione di ……… che non _____, di un filo conduttore grazie ……… ritrovarsi, di un insieme di tratti interiori sui quali, appunto, formare l'identità. Ma le nuove generazioni, _____ da sempre dalla tecnologia, rischiano di non aver ……… . O di ritrovar ……… una debole, debolissima. Le caratteristiche fisse sono sostituite da flessibilità e adattamento, doti senza ……… _____ che la società d'oggi non _____ essere più affrontata.
Ma senza identità, l'individuo è un sacco vuoto dentro ……… si possono _____ i rumori. Sono loro ad animar ………, sono loro, quasi, che ……… _____ un residuo di vitalità: il cellulare, la televisione e, quando questi ……… stancano o non ……… _____, c'è l'iPod. Il silenzio mette angoscia, ricorda la morte: e ricordando ………, ……… si evita. Senza il rumore sembra che non ……… _____, praticamente. Una volta a ……… _____ "ritrovare se stesso", si _____ di _____ in silenzio, di rifletter ………, di meditare e così via. Oggi queste frasi sembrano quasi prive di senso. _____? E chi ……… pensa più seriamente. Un ragazzo non _____ neppure la domanda. Il suo "dentro" non esiste. Non ci sono stimoli interiori, o comunque non ……… considera; _____ solo quelli esterni. Un aspetto apparentemente positivo, comunque, c'è: l'iPod aiuta a risolvere uno dei problemi più sentiti dagli adolescenti, e cioè la solitudine, il timore che ………, gli altri ……… _____, che non _____ un gruppo ……… _____. Non ho un amico ma ho "lui", rimango da solo soltanto se ……… dimentico. Ma è un'alternativa piuttosto triste: preferisco un oggetto al rapporto con l'altro.

(adattato da *www.corriere.it*)

24 a *Leggi il testo e rispondi alle domande grammaticali della tabella riguardanti gli elementi <u>sottolineati</u>.*

LA SCUOLA DELLA CIVILTÀ

di Giulio Anselmi

1   Sei settimane dopo, quattro dei cinque ragazzi milanesi <u>responsabili</u> di avere allagato il liceo Parini sono tornati a lezione: hanno scontato quindici giorni di sospensione, il massimo del previsto, meno di quanto <u>chiedessero</u> molti professori; buona parte dell'istituto sarà inutilizzabile ancora per un mese. A Genova, la direttrice di una "materna" si barrica di notte nell'
5   edificio per difenderlo dai vandali che hanno già imbrattato e danneggiato le aule…
A Roma, in un liceo scientifico, a metà novembre, le lezioni sono state sospese per 48 ore <u>a causa di</u> un'invasione di vermi gettati nei corridoi e per le scale da studenti <u>non identificati</u>. I tre episodi sono avvenuti a scuola, <u>per questo</u> hanno sollevato clamore e i media ne sono venuti a conoscenza. Ma innumerevoli sono i casi di violenza e di danneggiamento <u>compiu-</u>
10 <u>ti</u> su autobus, nelle stazioni, in locali pubblici e privati di ogni genere: in gran parte rientrano nella cifra oscura, ma altissima, dei fatti non denunciati e non scoperti. È una galassia di comportamenti incivili, il più delle volte criminali, di fronte <u>ai quali</u> la nostra società non reagisce, un po' per indifferenza un po' per sfiducia, accentuata dall'atteggiamento <u>tenuto</u> con frequenza dalle forze dell'ordine <u>nei confronti delle</u> vittime dei piccoli reati. <u>C'è ben di</u>
15 <u>peggio di cui occuparsi</u>, l'effettiva sanzione viene riservata, quando va bene, ai responsabili dei delitti più gravi. La sinistra, spesso, preferisce non vedere, rassegnata a un male sociale che considera <u>ineluttabile</u>. <u>Da destra (i cui elettori</u> sono, nei fatti, <u>altrettanto</u> rassegnati), scatta ogni tanto la richiesta di punizioni esemplari. <u>Accade</u> di fronte a episodi di grande rilievo mediatico o particolarmente efferati: in parte è reazione di paura, in parte è cultura
20 della vendetta, <u>oscillante</u> tra la proposta di taglie e la tentazione di farsi giustizia da sé. L'espressione politica più forte di questo stato d'animo sta nella propensione <u>a modificare</u> la legittima difesa, <u>sganciandola</u> <u>da ogni</u> proporzione tra minaccia e reazione. Ma anche i moderati trascurano l'arbitrio minuto.
<u>Così</u> la quotidiana rinuncia a una fetta di legalità dilata il clima di insicurezza in un paese
25 dove l'anno scorso i reati (dati Istat) sono aumentati del dieci per cento. Le infrastrutture legali e istituzionali deperiscono giorno dopo giorno. Cesare Beccaria, <u>pur essendo padano</u>, sosteneva la necessità di pene lievi, ma certe. I più grandi giuristi spiegano che le punizioni devono essere proporzionate ai delitti. Ma il concetto non dev'essere chiarissimo ai propugnatori della legge, già passata alla Commissione Giustizia del Senato, che inasprisce le pene
30 per <u>coloro i quali imbrattano</u> i muri: reclusione fino a nove mesi e multe fino a 2.582 euro (<u>per chi fa</u> scarabocchi su un palazzo storico la sanzione può arrivare a due anni).

(da *www.repubblica.it*)

Riga	Elemento da analizzare	Domanda	Risposta
1	responsabili	scrivi il nome da cui deriva	
3	chiedessero	spiega l'uso del modo	
6	a causa di	scrivi almeno due sinonimi	
7	non identificati	scrivi la forma esplicita	
8	per questo	scrivi almeno due sinonimi	
9	compiuti	scrivi la forma esplicita	
12	ai quali	sostituisci con un altro relativo	
13	tenuto	scrivi la forma esplicita	
14	nei confronti delle	scrivi almeno due sinonimi	
14	C'è ben di peggio di cui occuparsi	riscrivi la frase. Inizia con: "Bisogna…"	
17	ineluttabile	scrivi almeno due sinonimi	
17	Da destra, i cui elettori	indica a chi o a cosa si riferisce il pronome	
17	altrettanto	scrivi almeno due sinonimi	
18	Accade	indica il soggetto del verbo	
20	oscillante	scrivi la forma esplicita	
22	sganciandola	spiega la funzione del gerundio	
22	da ogni	scrivi almeno due sinonimi	

esercitazioni didattiche

Riga	Elemento da analizzare	Domanda	Risposta
24	Così	scrivi almeno due sinonimi	
26	pur essendo padano	trasforma la frase nelle due possibili forme esplicite	
30	coloro i quali imbrattano	trasforma la frase usando altri due possibili relativi	
31	per chi fa	trasforma la frase usando altri due possibili relativi	

24b *Il testo continua. Riscrivi tutto, a partire dal nuovo inizio. Cerca di essere più fedele possibile al messaggio originale.*

Anche chi consideri, giustamente, barbaro il vezzo di sfregiare muri e portoni dei centri storici, converrà che tale sanzione è eccessiva, anche se è domiciliare e accompagnata da misure correzionali all'inglese, come mettere mano a pennello e cazzuola per riparare il danno compiuto.

Nonostante la sanzione _____

_____

_____

_____

prove d'esame C2

PRIMA PROVA D'ESAME C2

ASCOLTARE (20 minuti)

I parte (10 punti)

Ascoltate l'intervista allo scrittore Maurizio Maggiani e confrontatela con le frasi. Indicate le frasi presenti nel testo segnando una crocetta sui riquadri (☒). Dovete indicare solo dieci frasi. Ogni crocetta in più vale 2 punti in meno.

(l'intervista è tratta dalla puntata del 24 ottobre 2008 del programma *Nudo e crudo*, in onda su Radio 1).

1. ☐ Maggiani riconosce che ormai lui e Alloisio non sono più giovani.

2. ☐ Maggiani crede senza riserve nello stupore.

3. ☐ Maggiani e Alloisio si conoscono fin da bambini.

4. ☐ Maggiani riconosce che probabilmente conserva ancora qualche atteggiamento da bambino.

5. ☐ Maggiani è convinto che sia possibile scorgere la bellezza anche in città considerate brutte.

6. ☐ Maggiani pensa che la capacità di stupirsi in qualsiasi situazione sia legata alla sopravvivenza stessa dell'uomo.

7. ☐ Lo spettacolo vuole mostrare quanto sia facile stupirsi.

8. ☐ Maggiani suggerisce di imparare la capacità di stupirsi dai profeti e dagli intellettuali.

9. ☐ Lo spettacolo sarà rappresentato in diverse città del mondo.

10. ☐ Alloisio è anche un musicista.

11. ☐ Maggiani è un tipo confusionario.

12. ☐ Alloisio è anche un appassionato ambientalista.

13. ☐ Per lo spettacolo Alloisio ha scelto delle musiche improvvisate.

14. ☐ Durante lo spettacolo Maggiani legge dei racconti.

15. ☐ Lo spettacolo esige che Maggiani e Alloisio tralascino le reazioni del pubblico in sala.

16. ☐ Maggiani trova che anche il silenzio del pubblico in sala sia comunicativo.

17. ☐ Le storie narrate nello spettacolo sono anche comiche.

18. ☐ Nello spettacolo si celebra in qualche modo anche la canzone genovese.

19. ☐ Alloisio insegna in un'accademia musicale.

II parte (10 punti)

Ascoltate il brano e confrontatelo con le frasi riportate nella tabella. Segnate con una crocetta (X) sotto la V le frasi vere che corrispondono al testo del brano, con una crocetta (X) sotto la F, le frasi false.

(l'intervista è tratta dalla puntata del 23 febbraio 2007 del programma *Radio Tre Scienza. Speciali dal teatro Palladium*, in onda su Radio 3).

	V	F
1. La teoria dell'*imprinting* riguarda il riconoscimento della madre da parte del piccolo.	☐	☐
2. Le ultime ricerche dimostrano che i pulcini alla nascita possiedono già una minima conoscenza di alcune caratteristiche che avrà la madre.	☐	☐
3. Riguardo all'*imprinting*, è possibile notare delle somiglianze tra il comportamento dei bambini e quello degli animali	☐	☐
4. Gli ultimi studi indicano che i bambini piccoli riconoscono meglio il volto umano quando occhi, naso e bocca non sono al loro posto naturale.	☐	☐
5. Appena nati, i bambini non hanno alcuna idea di come sia fatta la faccia di un essere umano.	☐	☐
6. La creatività nell'ideazione di nuovi esperimenti non ha una grande importanza per la ricerca sugli animali.	☐	☐
7. Le tecniche tradizionali di condizionamento prevedono solo l'uso di immagini parzialmente coperte.	☐	☐
8. Le tecniche di ricerca basate sul condizionamento non hanno dato risultati pienamente positivi.	☐	☐

prove d'esame C2

III parte (10 punti)

Ascoltate il brano e confrontatelo con le frasi riportate nella tabella. Indicate con una crocetta sui riquadri (☒) le 10 frasi vere. Attenzione: ogni crocetta in più vale due punti in meno.

(l'intervista è tratta dalla puntata del 3 ottobre 2007 del programma *Radio Tre Scienza*, in onda su Radio 3).

1. ☐ La trasmissione prende spunto da un recente documentario televisivo sulle balene.
2. ☐ La trasmissione si occupa di un tema trattato in un libro pubblicato di recente.
3. ☐ La trasmissione è stata ispirata dal libro di una giornalista che è anche biologa.
4. ☐ Maurizio Wurtz è in collegamento telefonico da un'aula speciale dell'Università di Genova.
5. ☐ Maurizio Wurtz sta studiando direttamente in mare i delfini.
6. ☐ Maurizio Wurtz è in collegamento da un campo sull'isola d'Elba.
7. ☐ Il libro parla esclusivamente dei sentimenti provati da una scienziata andando alla ricerca dei cetacei.
8. ☐ Nel libro l'autrice ha intrecciato le informazioni scientifiche con la descrizione delle sue emozioni.
9. ☐ L'autrice ha ricercato la presenza di balene soltanto nel Mar Ligure.
10. ☐ Fino a qualche decina di anni fa si riteneva che la presenza di balene nel Mediterraneo fosse sporadica.
11. ☐ Le balene non si sono ancora mai arenate sulle coste italiane.
12. ☐ Le attuali ricerche sulla presenza delle balene nel Mediterraneo correggono le precedenti opinioni scientifiche in merito.
13. ☐ Qualcuno si meraviglia ancora di scoprire che esistono ricerche di cetacei nel Mar Ligure.
14. ☐ La studiosa preferisce studiare i cetacei in Antartide o alle Galapagos.
15. ☐ In una scuola una bambina non credeva che le balene potessero passare attraverso lo stretto per entrare nel Mediterranneo.
16. ☐ Le dimensioni delle balene nell'immaginario infantile sono molto più ridotte di quello che gli adulti pensano.
17. ☐ Le balenottere dei mari italiani sono molto più piccole di quelle che vivono nell'Oceano.
18. ☐ È possibile che un cetaceo del Mar Mediterraneo abbia dimensioni vicine ai venti metri.
19. ☐ Le balenottere nel Mediterraneo di solito non si avvicinano alle barche a vela.
20. ☐ Le balenottere del Mediterraneo possono avere una lunghezza superiore a quella di alcune barche a vela.

LEGGERE (45 minuti)

I parte (10 punti)

Leggete il brano "*Carlo Emilio Gadda, Il Pasticciaccio*" tratto dal volume *Perché leggere i classici* di Italo Calvino (Milano, Arnoldo Mondadori Editore, 1991, pp. 249-50) e confrontatelo con le frasi riportate nella pagina successiva. Segnate con una crocetta solo le frasi vere (X). Dovete segnare solo 10 crocette. Ogni crocetta in più vale un punto in meno.

Quello che Carlo Emilio Gadda aveva in mente, mettendosi a scrivere nel 1946 *Quer pasticciaccio brutto de via Merulana*, era un romanzo poliziesco ma anche un romanzo filosofico. L'intreccio poliziesco era ispirato da un delitto avvenuto recentemente a Roma.

Il romanzo filosofico era basato su una concezione enunciata fin dalle prime pagine: non si può spiegare nulla se ci si limita a cercare una causa per ogni effetto, perché ogni effetto è determinato da una molteplicità di cause, ognuna delle quali a sua volta ha tante altre cause dietro di sé; dunque ogni fatto (per esempio un delitto) è come un vortice in cui convergono correnti diverse, mosse ognuna da spinte eterogenee, nessuna delle quali può essere trascurata nella ricerca della verità.

Una visione del mondo come «sistema di sistemi» era esposta in un quaderno filosofico ritrovato tra le carte di Gadda dopo la sua morte (*Meditazione milanese*). Lo scrittore, partendo dai suoi filosofi preferiti, Spinoza, Leibniz, Kant, aveva costruito un suo «discorso del metodo». Ogni elemento d'un sistema è sistema a sua volta; ogni sistema singolo si collega a una genealogia di sistemi; ogni cambiamento d'un elemento implica la deformazione dell'intero sistema.

Ma quel che più conta è come questa filosofia della conoscenza è riflessa nello stile di Gadda: nel linguaggio, che è un denso amalgama d'espressioni popolari e dotte, di monologo interiore e di prosa d'arte, di dialetti diversi e di citazioni letterarie; e nella composizione narrativa, in cui i minimi dettagli s'ingigantiscono e finiscono per occupare tutto il quadro e per nascondere o cancellare il disegno generale. Così succede in questo romanzo, in cui l'intreccio poliziesco a poco a poco viene dimenticato: forse siamo proprio sul punto di scoprire chi ha ucciso e perché, ma la descrizione d'una gallina e degli escrementi che questa gallina deposita sul suolo diventa più importante della soluzione del mistero.

È il ribollente calderone della vita, è la stratificazione infinita della realtà, e il groviglio inestricabile della conoscenza ciò che Gadda vuole rappresentare. Quando questa immagine di complicazione universale che si riflette in ogni minimo oggetto o evento è giunta al parossismo estremo, è inutile chiederci se il romanzo è destinato a restare incompiuto o se potrebbe continuare all'infinito aprendo nuovi vortici all'interno di ogni episodio. La vera cosa che Gadda aveva da dire è la congestionata sovrabbondanza di queste pagine attraverso la quale prende forma un unico complesso oggetto, organismo e simbolo che è la città di Roma.

Perché va subito detto che questo non vuol essere soltanto un romanzo poliziesco e un romanzo filosofico, ma anche un romanzo su Roma.

1. ☐ Il 1946 è l'anno in cui inizia la stesura del romanzo *Quer pasticciaccio brutto de via Merulana*.

2. ☐ All'inizio del suo lavoro Gadda ha dovuto decidere subito se scrivere un romanzo filosofico o uno poliziesco.

3. ☐ Il romanzo prende spunto da un reato compiuto realmente poco tempo prima.

4. ☐ Il pensiero filosofico su cui si basa il romanzo è che a una causa corrisponde un solo effetto.

5. ☐ Secondo la filosofia di Gadda, la ricerca della verità non è un'operazione lineare.

6. ☐ Gadda ha delineato parte del suo pensiero in un'opera che lui personalmente non ha mai pubblicato.

7. ☐ Nella filosofia di Gadda ogni elemento è strettamente collegato agli altri elementi del sistema.

8. ☐ Gadda aveva discusso personalmente con i suoi filosofi preferiti.

9. ☐ Nel linguaggio Gadda mescola elementi linguistici di tipo diverso.

10. ☐ Gadda preferisce scrivere di filosofia usando espressioni ricercate.

11. ☐ Nel romanzo viene usato soltanto il dialetto di Roma.

12. ☐ Nella narrazione a volte i particolari mettono in secondo piano gli aspetti più generali.

13. ☐ Nel romanzo di Gadda lo svolgimento poliziesco rimane sempre al centro della vicenda.

14. ☐ All'autore capita di soffermarsi per un momento su una gallina piuttosto che sull'autore o il movente del delitto.

15. ☐ Il vero autore del delitto dimentica il perché del suo gesto alla fine del romanzo.

16. ☐ L'autore intende raffigurare la multiforme varietà dell'esistenza.

17. ☐ Roma viene raffigurata come una città congestionata dal traffico.

18. ☐ La città di Roma è uno degli argomenti al centro del romanzo.

19. ☐ L'autore abbandona la scelta tra romanzo filosofico e poliziesco per scrivere un romanzo su Roma.

II parte (10 punti)

Leggete il brano tratto dall'articolo di Federico Rampini *Il fantasma della recessione* apparso sul quotidiano *La Repubblica* (9 settembre 2007). Completate le frasi scegliendo fra le tre proposte dalla tabella di p. 74 l'unica parola appropriata; dovete indicarla segnando una crocetta sui riquadri posti prima di ciascuna parola (X). Indicate solo una parola per ogni numero: ogni crocetta in più vale un punto in meno.

La recessione è alle porte. Al di là dell'iniziale euforia di *Wall Street*, sempre pronta a festeggiare un calo del costo del denaro, il vero messaggio contenuto nel taglio dei tassi d'interesse americani è la preoccupazione.

Dagli Stati Uniti questa (1) _____ viene esportata nel resto del mondo: il dollaro crolla, il petrolio schizza alle (2) _____, mentre i dubbi sulle perdite nascoste nei bilanci delle banche europee restano aperti. La "volatilità" dei mercati, e con essa l'instabilità dell'economia reale, è destinata a proseguire nei prossimi mesi malgrado l'eccezionale sforzo compiuto dalle banche centrali per (3) _____ la paura.

La *Federal Reserve*, essendo la più vicina all'epicentro iniziale di questa crisi, ha dovuto compiere una giravolta spericolata. Ancora un mese fa la banca centrale Usa considerava l'inflazione come il pericolo maggiore, e di conseguenza era pronta ad alzare i tassi. (4) _____ è successo il finimondo. Il bubbone dei mutui insolventi è scoppiato, trascinando con sé gli *hedge fund*, il *private equity*, e via via una crisi di fiducia generalizzata ha prosciugato anche le forme di credito più normali ed essenziali per il funzionamento dell'economia. La *Fed* ha dovuto trarne le conseguenze con una sterzata drammatica. Il taglio di mezzo punto dei tassi d'interesse è il doppio della misura su cui scommetteva la maggioranza degli (5) _____ sui mercati: la dice lunga sul (6) _____ di preoccupazione di Ben Bernanke, il banchiere centrale della più grande economia del pianeta.

Il comunicato (7) _____ ieri dalla *Fed* conferma il clima teso in cui è stata presa questa drastica decisione. Vi si parla di "aumento dell'incertezza" e si sottolinea che l'autorità monetaria sarà (8) _____. I segnali (9) _____ di una recessione sono ormai tanti. Al crollo dei valori delle case si è aggiunta la riduzione dei posti di lavoro, il rallentamento dei consumi, il taglio del potere d'acquisto provocato dal caro-benzina. Sta forse arrivando il Giorno del Giudizio per un'America malata di debiti: deficit del commercio estero, deficit pubblico, debiti privati delle famiglie che da anni vivono al di sopra dei loro mezzi. È lecito dubitare che la riduzione del costo del denaro sia la (10) _____ giusta per un malato di questa natura.

1.	a. ☐ inquietudine	b. ☐ allegria	c. ☐ coltivazione
2.	a. ☐ stalle	b. ☐ stelle	c. ☐ pompe
3.	a. ☐ incrementare	b. ☐ alimentare	c. ☐ arginare
4.	a. ☐ poi	b. ☐ domani	c. ☐ non
5.	a. ☐ operati	b. ☐ operai	c. ☐ operatori
6.	a. ☐ passato	b. ☐ livello	c. ☐ problema
7.	a. ☐ occultato	b. ☐ diffuso	c. ☐ fabbricato
8.	a. ☐ vigilante	b. ☐ impressionante	c. ☐ inquietante
9.	a. ☐ stradali	b. ☐ premonitori	c. ☐ oscuratori
10.	a. ☐ sentenza	b. ☐ piaga	c. ☐ cura

III parte (10 punti)

Leggete il bando del concorso *Marmodesign '07* promosso dal Consorzio Marmisti Bresciani e confrontatelo con le frasi riportate nella pagina successiva. Completate le frasi scegliendo fra le tre possibilità l'unica che corrisponde al testo del bando; dovete indicarla segnando una crocetta sui riquadri posti accanto alle frasi (X). Indicate solo una combinazione per ogni frase: ogni crocetta in più vale un punto in meno.

MARMODESIGN'07
Il Bando

Art. 1 - Tema del concorso

Il concorso intende promuovere nuove soluzioni per la casa destinate all'eventuale produzione e commercializzazione di oggetti e/o complementi d'arredo in pietra. Chiusi i termini di partecipazione, una giuria selezionerà, tra i lavori ritenuti più interessanti, i vincitori dei premi attribuiti dall'ente promotore. I progetti premiati saranno successivamente realizzati ed esposti in una mostra conclusiva in occasione della quale saranno esibiti tutti i lavori esaminati dalla giuria. Una pubblicazione-catalogo documenterà l'edizione del concorso e riporterà i nomi di tutti i partecipanti.

Art. 2 - Esigenze dell'ente promotore

L'ente promotore, ritiene che la procedura concorsuale consenta di premiare nuove idee attraverso la realizzazione concreta dei concetti che esse esprimono, per questo è necessario che nella fase di progettazione del complemento d'arredo si tenga conto dei seguenti requisiti:
- validità tecnica;
- dimensioni e forme adeguate ad un ambiente domestico;
- dimensioni e forme che ne consentano l'eventuale realizzazione in tempi tecnici contenuti;
- limitazione degli scarti di lavorazione;
- compatibilità fra i differenti materiali impiegati (nel caso in cui si preveda l'impiego di due o più materiali differenti), per i quali deve risultare prevalente l'uso della pietra;
- ridotta manutenzione.

Art. 3 - Partecipazione

La partecipazione al concorso è aperta a designer, architetti, artisti, formati presso istituzioni accademiche legalmente riconosciute, che non abbiano superato il quarantesimo anno d'età alla data di scadenza dell'iscrizione, di ogni nazionalità, sia organizzati in gruppo sia singolarmente. In caso di collaborazione di più soggetti alla realizzazione del progetto, è necessario comunicare l'elenco di tutti i componenti del gruppo e il nome del capogruppo delegato a rappresentarlo presso l'ente promotore.

È fatto divieto assoluto a tutti i concorrenti di divulgare, pubblicare o far pubblicare i progetti (o loro parti) prima che siano resi noti gli esiti della Giuria. La violazione di tale divieto comporta l'esclusione.

Art. 4 - Incompatibilità dei partecipanti al concorso
Non possono partecipare al concorso:
1. i componenti della Giuria, i loro coniugi ed i loro parenti fino al terzo grado compreso;
2. coloro che abbiano rapporti di lavoro con i componenti della Giuria;
3. coloro che hanno partecipato alla promozione e all'organizzazione del concorso, alla stesura del bando, alla nomina dei componenti della Giuria.

Art. 5 - Elaborati richiesti dal concorso
1) n. 1 tavola formato A1 (84 x 59,4 cm) in verticale, su supporto rigido, nella quale sarà adeguatamente rappresentata la proposta progettuale (nelle scale scelte dai concorrenti). L'apparato descrittivo dovrà essere in lingua italiana o in inglese.
2) n. 1 copia a colori del precedente elaborato in formato A3 (42 x 29,7 cm);
3) relazione illustrativa (che non dovrà superare n. 500 parole) composta al massimo da n. 3 cartelle UNI A4, in lingua italiana o in inglese, nella quale sono indicate le scelte progettuali e le necessarie informazioni per eventuale prototipazione.

---

1. Il concorso vuole incoraggiare:
   - ☐ a) l'uso della pietra come materiale per il rivestimento degli esterni delle abitazioni.
   - ☐ b) la produzione di oggettistica in pietra per la casa.
   - ☐ c) la progettazione di nuove tipologie di abitazione.

2. I vincitori:
   - ☐ a) saranno gli unici ad esporre i loro lavori in una mostra.
   - ☐ b) sottoscriveranno un contratto di lavoro con l'ente promotore.
   - ☐ c) vedranno realizzati i loro progetti.

3. La progettazione:
   - ☐ a) non avrà limiti nelle dimensioni dell'oggetto.
   - ☐ b) dovrà considerare che i tempi per realizzare l'oggetto sono ridotti.
   - ☐ c) non dovrà tener conto dell'ambiente in cui l'oggetto sarà posto.

4. Si richiede alla progettazione:
   - ☐ a) di prevedere l'uso di più di due materiali.
   - ☐ b) di indicare il riutilizzo degli scarti di lavorazione.
   - ☐ c) di privilegiare tra i materiali la presenza della pietra.

5. Il concorso è aperto a:
   - ☐ a) tutti i cittadini italiani.
   - ☐ b) esclusivamente agli architetti che abbiano superato i quarant'anni.
   - ☐ c) anche a *designer* in possesso di titoli accademici con valore legale.

6. Per i lavori di gruppo:
   - ☐ a) è sufficiente comunicare l'elenco dei componenti.
   - ☐ b) occorre il solo nome del capogruppo delegato.
   - ☐ c) occorre indicare il nome dei componenti e del capogruppo.

7. Il bando vieta:
   - ☐ a) di pubblicare il progetto prima del responso della Giuria.
   - ☐ b) di pubblicare il progetto in ogni caso.
   - ☐ c) di far pubblicare i progetti che risultino vincitori.

8. Non possono partecipare al concorso:
   - ☐ a) le mogli e i mariti dei giurati.
   - ☐ b) i vincitori del concorso negli anni precedenti.
   - ☐ c) coloro che abbiano già contratti di lavoro.

9. Il candidato dovrà:
   - ☐ a) presentare il progetto soltanto su un supporto di formato prestabilito.
   - ☐ b) consegnare un progetto alternativo alla sua prima proposta.
   - ☐ c) presentare una miniatura dell'oggetto in pietra.

10. È richiesta una relazione illustrativa:
    - ☐ a) con più di 500 parole.
    - ☐ b) in qualsiasi lingua di non più di 500 parole.
    - ☐ c) in inglese o italiano con un limite stabilito di parole.

SCRIVERE (120 minuti)

I parte

Lavorate per un'azienda o per una fondazione culturale italiana. Dovete redigere il verbale di un'importante riunione di lavoro a cui avete partecipato. Lo scopo era la definizione di una nuova iniziativa editoriale; i punti all'ordine del giorno erano:
1. collaborazioni con altre imprese (o con istituzioni pubbliche);
2. nuova campagna pubblicitaria (o nuova campagna di informazione);
3. potenziamento del sito Internet e traduzione in altre lingue dei suoi contenuti;
4. partecipazione ai prossimi convegni.

Alla riunione erano presenti: il direttore generale, il responsabile del settore editoriale, il responsabile delle relazioni istituzionali, il responsabile per la stampa e la comunicazione, il tecnico informatico.

Scrivete il resoconto riferendo brevemente i vari interventi dei presenti e presentando per ciascun punto del programma le conclusioni che si sono tratte dalla discussione.

(Scrivete circa 300 parole: il conteggio comprenderà anche gli articoli, le preposizioni o le congiunzioni formati da una sola lettera. Sono accettati esercizi che hanno fino a circa 85 parole in meno del numero stabilito. I testi che hanno in totale meno di 210 parole saranno annullati).

II parte

Avete dovuto interrompere un rapporto d'amicizia che durava ormai da alcuni anni. Ne siete molto rammaricati. Vi confidate con un vostro amico italiano scrivendogli una lettera: ripercorrete la storia della relazione, ricordando anzitutto con piacere i primi momenti, ma concentrandovi in seguito su quegli avvenimenti che, nell'ultimo periodo, hanno fatto sì che il rapporto si incrinasse e che giungesse a una definitiva rottura.

(Scrivete circa 300 parole: il conteggio comprenderà anche gli articoli, le preposizioni o le congiunzioni formati da una sola lettera. Sono accettati esercizi che hanno fino a circa 85 parole in meno del numero stabilito. I testi che hanno in totale meno di 210 parole saranno annullati).

prove d'esame C2

SECONDA PROVA D'ESAME C2

ASCOLTARE (20 minuti)

I parte (10 punti)

Ascoltate il brano e confrontatelo con le frasi riportate nella tabella. Segnate con una crocetta (☒) sulla V le frasi vere, con una crocetta (☒) sulla F quelle false.

(il brano è tratto dalla puntata del 13 settembre 2007 del programma radiofonico *Essere-benessere*, in onda su Radio 24).

	V	F
1. Il caffè è accusato di dare assuefazione.	☐	☐
2. Il caffè è accusato di far diminuire il battito cardiaco.	☐	☐
3. I sostenitori del caffè affermano che il caffè è energetico.	☐	☐
4. I sostenitori del caffè affermano che il caffè combatte il mal di testa.	☐	☐
5. I sostenitori del caffè affermano che il caffè aumenta l'appetito.	☐	☐
6. Il caffè è stato utilizzato da alcuni medici anche come farmaco.	☐	☐
7. Secondo l'esperta un consumatore abituale può accusare il mal di testa se non beve caffè per due giorni.	☐	☐
8. Le persone sono sensibili in maniera diversa alla caffeina.	☐	☐
9. È consigliabile non bere molto caffè se si hanno dei disturbi gastrici.	☐	☐
10. È certo che il caffè non nuoce al fegato.	☐	☐

II parte (10 punti)

Ascoltate il brano e confrontatelo con le frasi. Indicate le frasi che corrispondono al testo segnando una crocetta sui riquadri (☒). Dovete indicare solo 10 frasi, ogni crocetta in più vale un punto in meno.

(il brano è tratto dalla puntata del 9 marzo 2008 del programma *Essere e avere*, in onda su Radio 24).

1. ☐ Alla rete nazionale G.A.S. partecipano quasi 350 gruppi.
2. ☐ Sul sito della rete G.A.S. non si trovano le schede di tutti i gruppi partecipanti.
3. ☐ Sul sito della rete G.A.S. si possono ottenere informazioni sugli acquisti dei vari gruppi iscritti.
4. ☐ La *Credenza* è un'associazione di famiglie cattoliche.
5. ☐ La *Credenza* è un'associazione che opera in Trentino.
6. ☐ Gli acquisti promossi dalla *Credenza* riguardano solo prodotti alimentari.
7. ☐ Gli affiliati alla *Credenza* preferiscono comprare da piccoli produttori che operano il più vicino possibile.
8. ☐ La distanza dai produttori non è un elemento discriminante nella scelta dei consumi orientata dalla *Credenza*.
9. ☐ La *Credenza* non discute il prezzo del prodotto con i produttori.
10. ☐ Con i suoi criteri d'acquisto la *Credenza* riesce a far risparmiare i consumatori riducendo la spesa per determinati prodotti di circa il 30-40%.
11. ☐ Uno degli inconvenienti relativi ai criteri di acquisto della rete G.A.S. consiste nel non poter esaminare la merce prima dell'acquisto.
12. ☐ La *Credenza* ha un preciso criterio per selezionare i produttori da cui comprare.
13. ☐ Per essere riconosciuta dalla rete G.A.S. un'azienda deve avere la certificazione biologica.
14. ☐ La *Credenza* ha predisposto un modulo per il riconoscimento dei produttori da cui comprare.
15. ☐ Il titolare dell'azienda produttrice deve firmare un documento per consentire un controllo diretto sulla sua merce da parte dei vari soci.
16. ☐ I produttori devono compilare un questionario sulle eventuali attività svolte dai loro soci al di fuori dell'azienda.
17. ☐ La *Credenza* non prevede delle ispezioni dirette sul lavoro delle aziende.
18. ☐ Il direttivo dell'azienda produttrice partecipa alla stesura dei parametri di valutazione della rete G.A.S.
19. ☐ Di solito i consumatori della *Credenza* e i produttori trovano un accordo senza discutere.

III parte (10 punti)

Ascoltate il brano e confrontatelo con le frasi riportate nella tabella. Completate le frasi scegliendo fra le tre possibilità l'unica che corrisponde al testo del brano; dovete indicarla segnando una crocetta sui riquadri posti prima di ciascuna frase (☒). Indicate solo una combinazione per ogni frase: ogni crocetta in più vale un punto in meno.

(il brano è tratto dalla puntata del 1 aprile 2007 del programma radiofonico *Un libro tira l'altro*, in onda su Radio 24).

1. "Sicilian tragedi" è:
   - ☐ a) un saggio sul teatro siciliano.
   - ☐ b) una singolare guida turistica per la Sicilia.
   - ☐ c) un romanzo ambientato in Sicilia.

2. Ottavio Cappellani:
   - ☐ a) ha ambientato la vicenda del suo libro nella sua città.
   - ☐ b) ha dato al protagonista di "Sicilian tragedi" il suo stesso nome.
   - ☐ c) nella vita recita in una compagnia teatrale.

3. La compagnia teatrale protagonista della vicenda di "Sicilian tragedi":
   - ☐ a) è sostenuta dai politici locali.
   - ☐ b) è costretta a scontrarsi con la meschinità dell'amministrazione locale.
   - ☐ c) è formata da attori ignoranti e corrotti.

4. "Sicilian tragedi":
   - ☐ a) è caratterizzato da un linguaggio vivace intessuto di espressioni tipicamente siciliane.
   - ☐ b) è stato scritto interamente in un perfetto italiano letterario, per soddisfare il pubblico più colto.
   - ☐ c) ha delle parti scritte in alcune lingue straniere.

5. Ottavio Cappellani spiega che le scelte linguistiche di "Sicilian tragedi":
   - ☐ a) hanno soprattutto lo scopo di usare una lingua che, altrimenti, andrebbe perduta.
   - ☐ b) sono state fatte in omaggio ad altri autori siciliani.
   - ☐ c) sono dovute al tentativo di rendere alcuni aspetti tipici di una parte della Sicilia.

6. Ottavio Cappellani afferma che la Sicilia:
   - ☐ a) ha una cultura omogenea.
   - ☐ b) presenta sul suo territorio realtà culturali diverse fra di loro.
   - ☐ c) ha una storia completamente indipendente dal resto dell'Italia.

7. Ottavio Cappellani afferma che gli antichi greci:
    □ a) hanno colonizzato solo la Sicilia orientale.
    □ b) hanno colonizzato solo la Sicilia occidentale.
    □ c) hanno colonizzato l'intero territorio siciliano.

8. Ottavio Cappellani afferma che il teatro greco di Siracusa:
    □ a) è stato la sede della prima tragedia rappresentata in Occidente.
    □ b) è stato il primo teatro costruito in Occidente.
    □ c) ha ospitato la prima rappresentazione di una commedia in Occidente.

9. Secondo Ottavio Cappellani, la cultura della Sicilia orientale:
    □ a) non è ironica.
    □ b) è caratterizzata da un'ironia che la Sicilia occidentale non ha.
    □ c) è molto affine a quella della Sicilia occidentale.

10. Secondo Ottavio Cappellani, Camilleri nei suoi libri ha usato il dialetto siciliano:
    □ a) in omaggio a Luigi Pirandello.
    □ b) per le stesse ragioni per cui lui l'ha usato in "Sicilian tragedi".
    □ c) perché vuole distinguersi dagli altri autori siciliani di oggi, che non usano mai il dialetto.

LEGGERE (45 minuti)

I parte (10 punti)

Leggete l'intervista al filologo Gianfranco Contini e confrontatela con le frasi.
Indicate le frasi presenti nel testo segnando una crocetta sui riquadri (X). Dovete indicare solo dieci frasi. Ogni crocetta in più vale 2 punti in meno.

Nel 1968 la sua "Letteratura dell'Italia unita" con le drastiche esclusioni di scrittori consacrati, scatenò un interminabile pandemonio...
Eh sì, in un certo senso non smise più...

Ecco, ha mai avuto ripensamenti su almeno qualcuno dei grandi assenti tipo la Morante, la Ginzburg, Bassani, Parise, Brancati...
Pervicacemente direi di no. Degli autori che lei cita, forse Brancati... C'è una pagina di Brancati in cui si vede un confessionale precettato per telefono: è uscita sul «Corriere della Sera», e quella sarebbe una bella pagina. Ma, nel complesso, direi di no. Semmai... semmai, avrei dovuto aggiungere qualche poeta apparentemente minore, ma vero poeta, come Tino Richelmy o come il mio amico Sandro Sinigaglia, perché, allora, Zanzotto non era ancora giunto al livello che ha raggiunto più tardi, e che, attualmente, gli meriterebbe un ingresso solenne. Probabilmente mancano autori fuori dalla letteratura.

Tipo chi, professore?
Per esempio, mi hanno rimproverato, forse giustamente di non avere incluso Francesco Saverio Nitti. E allo stesso modo, si potrebbero introdurre anche altri autori non-letterari. Ma qui sopravviene la mia ignoranza di fondamentalmente letterato.

Ma quella polemica la irritò soltanto, o la fece anche ridere?
Mah, insieme una cosa e l'altra. Mi irritò quando muoveva da gruppi che si ponevano in quanto tali, e che non badavano a questioni di valore o di merito ma soltanto di vicinanza personale. In particolare faceto fu il caso di Pasolini, il quale mi rimproverò di avere escluso i suoi amici, quelli con cui si vedeva tutti i giorni o che gli avevano reso dei servizi. Mah... L'ultima lettera di Pasolini era una lettera d'amore, e faceva condonare ogni peccadiglia... Debbo dire che ci fu un gesto di gelosia da parte di Pasolini, e purtroppo la lettera non l'ho più ritrovata, in cui diceva che deversavo i miei favori verso «un pensionato»... Questo pensionato era Pizzuto, nientemeno!

E tra gli esclusi, ce ne sono alcuni che le hanno portato un rancore indelebile?
Ah, sì: quasi tutti.

Quasi tutti?
Eh, alcuni mi hanno rimproverato... qualcuno mi ha rimproverato per la strada!

Ma no?! Qualcuno l'ha fermata per strada...
No, si trovava a passeggiare con me per la strada, e a un certo momento si ferma e mi indice il rimprovero! Oh, posso anche fare il nome: la Maria Bellonci.

E chi altro?
Eh, purtroppo, anche amici miei vecchi... Io non avrei mai pensato che loro riponessero tanta fiducia nella loro scrittura, non avrei mai pensato... Non posso nominarli.

Chi sono oggi gli scrittori italiani che la interessano?
Ma sa, quello che mi interessa di più, attualmente, e in fondo rifà le cose più antiche, ritocca, non è che faccia propriamente del nuovo... è Romano Bilenchi.

È un bravo scrittore...
Eh, molto... Io conosco bene, fortunatamente, Bilenchi e debbo dire che è, oltre il resto, un uomo talmente intelligente e di una conversazione talmente affascinante, che questo stinge anche sulla sua pagina, benché io la apprezzi molto.
[...]

Che scrittore era Luigi Einaudi?
Senza paragone il migliore degli scrittori scientifici in questo secolo, fuori dalla letteratura. Nonostante i temi trattati, per niente algebrico, anzi «allegro».

E Gramsci?
Basterebbero le lettere ad assicurargli un posto importante. La posizione dei Quaderni scritti in carcere è stata molto danneggiata dall'uso dogmatico scolastico che ne è stato fatto, e che pareva dovesse durare chissà quanto, ed è già da un pezzo invecchiato.

(da *Diligenza e voluttà. Ludovica Ripa di Meana interroga Gianfranco Contini*, Milano, Mondadori, 1989, pp. 167-169).

1. ☐ L'antologia *Letteratura dell'Italia unita* di Contini non dava spazio a molti autori affermati.

2. ☐ Le accese discussioni suscitate dalle scelte fatte da Contini nella sua *Letteratura dell'Italia unita* si sono sedate presto.

3. ☐ Contini apprezza un brano di Brancati pubblicato sul *Corriere della Sera*.

4. ☐ I poeti Tito Richelmy e Sandro Sinigaglia non figurano nella *Letteratura dell'Italia unita*.

5. ☐ Secondo Contini, Zanzotto negli anni Sessanta era già un poeta degno di attenzione.

6. ☐ Contini ritiene che la poesia di Zanzotto, sebbene sia notevolmente cresciuta di valore nel tempo, debba occupare un posto minore nelle antologie rispetto a quello meritato da poeti come Richelmy o Sinigaglia.

7. ☐ Se potesse tornare indietro, probabilmente Contini inserirebbe nella sua antologia un non-letterato come Francesco Saverio Nitti.

8. ☐ Contini reagì con indifferenza alle proteste che gli mossero alcuni gruppi che, secondo lui, non erano d'accordo con le sue scelte per motivi personali.

9. ☐ Pasolini non fu d'accordo con le scelte fatte da Contini nella *Letteratura dell'Italia unita*.

10. ☐ L'apprezzamento di Contini per Pizzuto fece ingelosire Pasolini.

11. ☐ La maggior parte degli autori tralasciati da Contini hanno continuato a nutrire dei risentimenti verso di lui.

12. ☐ Maria Bellonci riuscì a comprendere solo in seguito le scelte di Contini.

13. ☐ Contini non immaginava che alcuni dei suoi amici avessero una stima così alta delle opere che scrivevano.

14. ☐ Contini stima molto Romano Bilenchi perché lo ritiene un autore innovativo.

15. ☐ Luigi Einaudi, secondo Contini, nei suoi scritti ha saputo trattare di temi scientifici con uno stile mirabile.

16. ☐ Secondo Contini il pregio della scrittura di Luigi Einaudi è stato in qualche modo compromesso dagli argomenti matematici che ha dovuto trattare.

17. ☐ Contini ritiene che la valutazione critica dei *Quaderni* scritti in carcere da Gramsci abbia risentito della lettura dogmatico-scolastica.

18. ☐ Contini ritiene che lettura dogmatico-scolastica dei *Quaderni* di Gramsci sia durata più del dovuto.

II parte (10 punti)

Leggete gli articoli di un bando di concorso e completate le frasi scegliendo fra le tre proposte dalla tabella (p. 92) l'unica parola appropriata; dovete indicarla segnando una crocetta sui riquadri posti prima di ciascuna parola (☒). Indicate solo una parola per ogni numero: ogni crocetta in più vale 2 punti in meno.

Art. 5 – Graduatoria

La selezione dei partecipanti avverrà in base alla formulazione di una graduatoria a cura del Comitato scientifico.
In caso di parità in graduatoria, la precedenza verrà accordata (1) _____ giovani laureati e laureandi dell'Università di Modena e Reggio Emilia.
La graduatoria verrà affissa all'albo pretorio del Comune di Modena e pubblicata all'indirizzo www.comune.modena.it/summerschool a partire dal 19 maggio 2008. La pubblicazione ha valore di comunicazione ufficiale agli interessati; non sono previste comunicazioni al (2) _____ degli stessi.

Art. 6 – Borse di studio e attestati di partecipazione

Al termine del corso verranno (3) _____ n. 2 borse di soggiorno di studio della durata di mesi quattro (gennaio-aprile 2009) presso il Comitato delle Regioni e il Parlamento Europeo a Bruxelles, dell'ammontare di euro 4.000,00 (4) _____, ciascuna assegnata in base alla valutazione, a cura del Comitato scientifico, di un (5) _____ prodotto dai partecipanti al termine del corso.
Saranno esclusi dalla selezione i partecipanti che (6) _____ di altre borse di studio o mobilità nell'ambito dei programmi dell'Unione europea nel periodo gennaio aprile 2009. A fine corso, a tutti i partecipanti verrà rilasciato un diploma.

Art. 7 – Uditori

Potranno essere ammessi, con obbligo di frequenza, in (7) _____ di uditori, studenti, insegnanti, funzionari e amministratori di enti pubblici. Saranno ammessi numero 20 uditori.
La domanda di iscrizione degli uditori dovrà essere compilata obbligatoriamente utilizzando l' (8) _____ modulo pubblicato sul sito www.comune.modena.it/summerschool.
Alla domanda (9) _____ allegare una lettera di motivazione (di massimo 2000 caratteri).

La domanda, completa degli allegati, dovrà (10) _____ all'Ufficio protocollo del settore Politiche Finanziarie (Palazzo Comunale – 2° piano, Via Scudari 20 – 41100 Modena) entro il 18 luglio 2008.
La graduatoria verrà determinata in base alla valutazione della lettera di motivazione da parte del Comitato scientifico e all'ordine di arrivo delle richieste.
La graduatoria verrà affissa all'albo pretorio del Comune di Modena e pubblicata all'indirizzo www.comune.modena.it/summerschool.

(tratto dal sito *www.comune.modena.it/summerschool*)

prove d'esame C2

1.	a. ☐ a	b. ☐ in	c. ☐ tra
2.	a. ☐ carico	b. ☐ domicilio	c. ☐ esonero
3.	a. ☐ adescate	b. ☐ erogate	c. ☐ erose
4.	a. ☐ cadauna	b. ☐ costei	c. ☐ siffatti
5.	a. ☐ avanzato	b. ☐ astruso	c. ☐ elaborato
6.	a. ☐ usufruiscano	b. ☐ usurpino	c. ☐ avessero ustionato
7.	a. ☐ essenza	b. ☐ qualità	c. ☐ virtù
8.	a. ☐ apposito	b. ☐ appostato	c. ☐ appestato
9	a. ☐ concorre	b. ☐ occorre	c. ☐ ricorre
10	a. ☐ pervenire	b. ☐ riscontrare	c. ☐ vidimare

III parte (10 punti)

Leggete l'articolo e confrontatelo con le frasi. Completate le frasi scegliendo fra le tre possibilità l'unica che corrisponde al testo; dovete indicarla segnando una crocetta sui riquadri (☒). Indicate solo una combinazione per ogni frase: ogni crocetta in più vale due punti in meno.

Tyler Brulé ne è certo: un evento come il Salone del Mobile di Milano produce più idee e benefici commerciali di un G20. Così l'osservatore dei modi e delle mode di tutto il mondo (cura da anni sul Financial Times una rubrica dal titolo eloquente, «Fast Lane», corsia veloce) ha deciso di inviare a Milano un piccolo esercito di giornalisti per la sua esclusiva rivista «Monocle». «Quando c'è la crisi si innescano rivoluzioni nelle abitudini dei consumatori e in definitiva nella cultura popolare — dice —. E poi questi non sono momenti di concludere affari con le e-mail o con i pacchi della Federal Express».

A dispetto dei cieli plumbei dell'economia, il Salone del Mobile si ripresenta dunque da domani con i suoi numeri da primato mondiale: 2.723 aziende espositrici, un terzo delle quali straniere, 300 mila visitatori attesi, 12 mila novità presentate. Il settore dell'arredamento ha certo preso una sberla come gli altri, ma il calo di fatturato nel 2008 è stato di solo una cifra (-4,3%), le esportazioni sono scese di appena l'1,3%. Il sistema insomma, regge, probabilmente grazie a quella struttura fatta per lo più da piccole aziende familiari che ha risentito molto meno del tracollo finanziario e che, se c'è bisogno, sa mettere mano al portafoglio personale pur di continuare a investire. E lo spirito di adattamento contagia anche una parte dei visitatori.

Se alcuni hotel hanno addirittura quintuplicato i prezzi («una speculazione inaccettabile — dicono al Salone — l'anno prossimo faremo un tavolo di concertazione con albergatori e prefetto») c'è chi si organizza con puntate giornaliere utilizzando i voli a basso costo. E la Provincia lancia una proposta per i giovani: chi offre letti o divani per i visitatori avrà in cambio accrediti per la prima edizione del Public Design Festival. Milano si appresta a vivere la settimana più frizzante dell'anno anche se l'Herald Tribune ieri parlava della perdita di un legame sentimentale della città con il design citando il caso del rifacimento della linea rossa della metropolitana che ha cancellato l'immagine voluta da Franco Albini e Bob Noorda.

«Un esempio di mancanza di memoria storica — dice Italo Lupi, colonna portante del disegno grafico italiano — . Tuttavia non bisogna guardare al passato. I progettisti di una volta erano un gruppo ristretto ben omogeneo per pensiero, formazione, estrazione sociale; oggi le idee vengono da creativi di tutto il mondo con retroterra e gusti diversificati. Ma l'Italia e Milano restano l'ombelico della produzione grazie a un'alchimia miracolosa. Ecco perché personaggi come Philippe Starck o David Chipperfield vengono a produrre qui». La febbre del design invade ogni luogo della città, inventa nuovi distretti della creatività accanto all'ormai rinomata zona Tortona. Il rito dei cocktail contagia architetti, giornalisti, imprenditori, studenti, semplici curiosi. «È

(tratto dall'articolo di Alessandro Cannavò del 21 aprile 2009 pubblicato sul sito *http://milano.corriere.it*)

un'occasione straordinaria di pubbliche relazioni, magari col tuo futuro datore di lavoro», afferma Ben Zur, studente all'Istituto Europeo di design. Se ne sono accorti gli stilisti, mai come ora presenti con prodotti ed eventi. «Uno scenario fluttuante come la parola design, non più legata a un concetto calvinista di sintesi tra utilità e bellezza — riflette Mario Bellini, l'architetto che cura l'allestimento a Palazzo Reale della mostra su 500 anni del mobile italiano —. Il design si intreccia con la moda ma anche con l'arte. Ma soprattutto è l'espressione di nicchie culturali, di tribù dello stile. Dal minimalismo all'ipertecologico, dal decorativismo all'ecologico, tutto va. L'importante è che l'oggetto abbia la sua utilità: ma un'utilità emozionale».

1. Tyler Brulé ritiene che un evento come il Salone del Mobile di Milano:
   - ☐ a) sia stato ingiustamente trascurato dal Financial Times.
   - ☐ b) rappresenti uno spaccato della profonda omologazione in atto nelle abitudini dei consumatori.
   - ☐ c) debba essere necessariamente osservato di persona soprattutto in un periodo di incertezza.

2. Il settore dell'arredamento:
   - ☐ a) ha fatto registrare perdite più consistenti rispetto a quelle di altri settori.
   - ☐ b) ha fatto registrare cali di introiti soprattutto nelle piccole e medie imprese.
   - ☐ c) è sostenuto in questo momento soprattutto dalle piccole aziende familiari.

3. Durante il Salone del Mobile:
   - ☐ a) molte persone hanno preferito spendere di più per l'albergo e meno per l'aereo.
   - ☐ b) è stata messa a punto un'iniziativa che consente di contenere i costi dell'alloggio.
   - ☐ c) è emersa una scarsa comunicazione tra gli organizzatori dell'esposizione e i servizi di ordine pubblico.

4. Secondo Italo Lupi, la figura del progettista:
   - ☐ a) appartiene da sempre a una categoria sociale privilegiata.
   - ☐ b) ha perduto il legame profondo con la città e il territorio.
   - ☐ c) trova a Milano un terreno ancora fertile per esprimere la propria creatività.

5. Secondo Mario Bellini, il design oggi deve:
   - ☐ a) recuperare una certa sacralizzazione del prodotto.
   - ☐ b) tenere sempre ben presenti le applicazioni pratiche dei prodotti.
   - ☐ c) evitare di farsi risucchiare dalle mode.

SCRIVERE (120 minuti)

I parte

Volete partecipare a un dibattito internazionale promosso da un periodico che si occupa di interculturalità. Scrivete un articolo di fondo con questo titolo: *I lavoratori stranieri. Quando l'altro diventa una preziosa risorsa culturale ed economica*. Potete impostare il discorso sia riferendovi alla situazione nel vostro Paese, sia trattando l'argomento da un punto di vista più generale, facendo un confronto tra due realtà di integrazione diverse.

(Scrivete circa 300 parole: il conteggio comprenderà anche gli articoli, le preposizioni o le congiunzioni formati da una sola lettera. Sono accettati esercizi che hanno fino a circa 85 parole in più o in meno del numero stabilito. I testi che hanno in totale meno di 210 parole saranno annullati).

II parte

Un vostro caro amico italiano (uno storico o uno specialista in storia dell'arte o dell'artigianato, oppure in storia della scienza) è stato appena assunto da un piccolo museo della sua città, ed è molto contento perché gli è stata data carta bianca per riorganizzare la struttura e le attività. Ne avete parlato con lui proprio pochi giorni fa al telefono e il suo entusiasmo vi ha contagiato. Navigando in Internet avete trovato un articolo nel quale Umberto Eco dà la seguente definizione del suo museo ideale:

> Il mio ideale è quello di un museo che serva a capire e godere un solo quadro. Prendiamo a esempio la *Primavera* di Botticelli. L'intera sequenza delle sale degli Uffizi dovrebbe essere trasformata in un unico percorso attraverso il quale si arrivi, alla fine, a capire tutto della *Primavera*. Ci sarebbero sale introduttive sulla Firenze dell'epoca, la cultura umanistica, la riscoperta degli antichi, i fermenti mistici del tempo... Poi seguirebbero le opere dei pittori che hanno preceduto e ispirato Botticelli, nella bottega di Lippi e del Verrocchio... dovrebbero udirsi le musiche che Botticelli poteva avere ascoltato, le voci dei poeti e dei filosofi che poteva avere letto, e se necessario dovrebbero apparire grandi fotografie dei paesaggi toscani... Insomma, vorrei arrivare alla sala centrale, dove finalmente mi apparirà la *Primavera*, con l'occhio ormai educato di un fiorentino del Quattrocento. Troppe opere, l'una diversa dall'altra, tutte fatalmente fuori contesto, mi affaticano l'occhio e la mente. Ma un tragitto che mi conduca a entrare veramente "dentro" a una sola opera, farebbe di quella visita al museo un'esperienza memorabile.

L'articolo vi sembra molto interessante e ritenete che possa essere un ottimo spunto di riflessione da proporre al vostro amico. Decidete allora di scrivergli un'e-mail per aiutarlo nella sua nuova avventura professionale: illustrategli le vostre opinioni e fategli delle proposte, anche alla luce della vostra esperienza di visitatore.

(il pensiero di Umberto Eco è tratto da *Il museo del terzo millennio*, cfr. www.umbertoeco.it)

(Scrivete circa 300 parole: il conteggio comprenderà anche gli articoli, le preposizioni o le congiunzioni formati da una sola lettera. Sono accettati esercizi che hanno fino a circa 85 parole in meno del numero stabilito. I testi che hanno in totale meno di 210 parole saranno annullati).

prove d'esame C2

PROVA ORALE C2

La prova del livello C2 è composta di 3 parti: *presentazione, interazione guidata e monologo*. La *presentazione* ha il solo scopo di abbassare la tensione da esame e far parlare il candidato su un argomento non troppo personale ma a lui molto noto: generalmente l'intervistatore, dopo essersi presentato, chiede al candidato di presentare brevemente sé stesso e descrivere gli usi che intende fare della lingua italiana in futuro. L'*interazione guidata* prevede la partecipazione attiva del candidato alla conversazione: l'intervistatore presenta una situazione adatta al livello e chiede di risolvere un compito. Il *monologo* deve essere svolto dai candidati su un tema scelto da una lista di tre argomenti proposti dall'intervistatore sulla base della lista fornita qui di séguito. Il candidato ha a disposizione qualche minuto per scegliere l'argomento preferito e organizzare le sue idee; può prendere qualche appunto, ma non può utilizzare materiali personali. L'intervistatore è tenuto a sostenere il colloquio con osservazioni, suggerimenti e brevi commenti su quello che dice il candidato.

Presentazione (1 minuto circa).
Il candidato dovrà presentarsi spiegando in modo chiaro i suoi progetti futuri.

Interazione guidata (5-7 minuti).
In questa parte il candidato dovrà risolvere situazioni relative ad argomenti non familiari, anche presentati in modo allusivo o scherzoso; dovrà partecipare attivamente alla conversazione con l'intervistatore o con un altro candidato facendo domande adatte all'argomento e ben formulate, commenti appropriati, proposte alternative a quelle degli altri, sostenendo le sue tesi con disinvoltura e rispondendo a domande difficili anche su sottili sfumature di significato, senza mostrare alcuna difficoltà nella conversazione. L'intervistatore suggerisce uno spunto scelto dalla lista seguente, tenendo conto delle caratteristiche del candidato e modificando la scelta dell'argomento nel caso in cui non si rivelasse adatto al candidato stesso. A discrezione dell'intervistatore è possibile lasciare al candidato un breve lasso di tempo per riflettere sul tema proposto. L'intervistatore è tenuto a incoraggiare la conversazione tra i candidati nel caso di un esame sostenuto in coppia; se il candidato è uno solo, l'intervistatore sosterrà una conversazione con lui.

Gli argomenti di conversazione potranno essere scelti dalla lista seguente:

1. Al lavoro il vostro direttore vi ha dato un appuntamento per discutere della vostra promozione, che implicherà per voi anche maggiori responsabilità. Dovete dimostrargli che la sua stima è ben riposta. Convincetelo illustrando brevemente il lavoro che avete svolto finora e i risultati che avete ottenuto; accennate alle vostre idee per il nuovo incarico e alle qualità che ancora non avete dimostrato.

2. Un vostro/Una vostra collega che stimate molto ha deciso di presentare le sue dimissioni a causa di alcune accuse infondate mossegli/le da un suo superiore. Cercate di dissuaderlo/a, incoraggiandolo/a ad affrontare la situazione con fermezza e con professionalità.

3. Siete dei giornalisti. Dovete intervistare per la vostra testata il direttore di un'organizzazione italiana che si occupa di cooperazione allo sviluppo (relativa a uno di questi settori: agricoltura, emigrazione, prevenzione medica e salute, istruzione) e che sta portando avanti dei nuovi progetti nel vostro Paese.

4. Lavorate per un importante quotidiano e siete riusciti a organizzare un incontro con un/una grande scrittore/scrittrice contemporaneo/a in occasione dell'uscita del suo ultimo romanzo. Intervistatelo/a, cercando di spostare gradualmente la conversazione sugli aspetti più interessanti della sua vita privata.

5. Lavorate da alcuni anni in un'azienda come responsabile di un settore. Alla crescita del volume d'affari della vostra azienda è corrisposto un aumento delle vostre responsabilità. Ultimamente il carico di lavoro che vi si richiede è diventato eccessivo e quindi difficile da gestire. Passate in ufficio più di dieci ore al giorno e non di rado vi capita di lavorare anche il sabato e la domenica. Pur avendo esposto in varie occasioni il vostro disagio, la situazione è rimasta invariata. Convinti che sia giunto il momento di affrontare con decisione il problema, andate a parlare con il vostro direttore e gli esponete la vostra situazione: fate riferimento alle attività che svolgete o ad alcuni particolari episodi, e cercate di concordare una soluzione che preveda un cospicuo aumento della vostra retribuzione e una più adeguata distribuzione delle mansioni all'interno dell'azienda.

6. Avete deciso di rassegnare le vostre dimissioni da un incarico. Parlate con il vostro direttore per spiegargli la vostra decisione. Il direttore respingerà le vostre dimissioni, ma voi siete fermamente convinti della vostra decisione. Dimostrateglielo argomentando con chiarezza le vostre ragioni.

Monologo (3-5 minuti).
In questa parte verrà sottoposta al candidato una scelta di argomenti su temi complessi. Il candidato dovrà argomentare il suo ragionamento con scioltezza, seguendo un percorso logico efficace, dimostrando di poter persuadere l'interlocutore della propria tesi ed esibendo una padronanza lessicale ampia e variata anche in ambiti di interesse lontani dal proprio.
Il tema potrà essere suggerito prendendo spunto dalla seguente lista di argomenti:

1. La televisione purtroppo propone sempre più spesso programmi di cattivo gusto, demenziali o violenti. Pensate che questo tipo di modelli incida sui comportamenti sociali e soprattutto sui giovani? Esprimete le vostre opinioni.

2. In Italia i borghi e le piccole città rappresentano una preziosa risorsa per la conservazione e la divulgazione dell'arte e della storia nazionali. Inoltre, è stato riscontrato che in questi centri la qualità della vita è nettamente migliore rispetto a quella delle grandi metropoli. Tuttavia, le giovani generazioni preferiscono generalmente trasferirsi nelle grandi città. Qual è la vostra opinione in proposito? Com'è la situazione nel vostro paese?

3. Umberto Eco ha scritto recentemente un articolo sulla labilità dei moderni supporti per il trasporto e per la conservazione dell'informazione (dalla foto alla pellicola cinematografica, dal disco fino alla chiavetta USB), tutti più deperibili del libro. Questi supporti moderni, inoltre, sembrano mirare più alla diffusione dell'informazione che alla sua conservazione, mentre il libro è stato strumento principe della diffusione ma al tempo stesso anche della conservazione. Scrive Eco:

"Non sono un passatista. Su un hard disk portatile da 250 giga ho registrato i massimi capolavori della letteratura universale e della storia della filosofia: è molto più comodo ricuperare da lì in pochi secondi una citazione da Dante o dalla 'Summa Theologica' che non alzarsi e andare a prelevare un volume pesante da scaffali troppo alti. Ma sono lieto che quei libri rimangano nei miei scaffali, garanzia di memoria per quando gli strumenti elettronici andranno in tilt".

Che cosa pensate di questo giudizio? Che rapporto avete con la tecnologia, in particolare con quella applicata alla diffusione e alla conservazione della cultura? Come definireste il vostro atteggiamento nei confronti dei libri?

4. Nel discorso che tenne per il conferimento del premio Nobel, Eugenio Montale, discutendo del futuro della poesia, faceva quest'osservazione:

"Le comunicazioni di massa, la radio e soprattutto la televisione, hanno tentato non senza successo di annientare ogni possibilità di solitudine e di riflessione. Il tempo si fa più veloce, opere di pochi anni fa sembrano "datate" e il bisogno che l'artista ha di farsi ascoltare prima o poi diventa bisogno spasmodico dell'attuale, dell'immediato. Di qui l'arte nuova del nostro tempo che è lo spettacolo, un'esibizione non necessariamente teatrale a cui concorrono i rudimenti di ogni arte e che opera una sorta di massaggio psichico sullo spettatore o ascoltatore o lettore che sia. [...] Potrà sopravvivere la poesia nell'universo delle comunicazioni di massa?"

Che cosa ne pensate? Quanto hanno influito le trasformazioni sociali sul modo di intendere l'arte? Che valore date voi alla poesia e all'arte in generale?

5. Il Prof. Giuseppe Patella, che insegna estetica all'Università "Tor Vergata" di Roma, presentando un convegno dal titolo *La destituzione politica degli intellettuali*, ha fatto questa considerazione:

"È infatti sotto gli occhi di tutti che nella società contemporanea sono cambiate molte delle condizioni che garantivano non solo l'azione degli intellettuali ma anche la loro sopravvivenza e, quindi, oggi quello che è in discussione è proprio la loro stessa ragion d'essere. Le trasformazioni attuali più importanti che hanno investito questa figura sono molte e riguardano sommariamente la pervasiva influenza della dimensione del mercato sulla vita intellettuale, la progressiva spinta all'istituzionalizzazione e alla professionalizzazione della vita intellettuale, ma anche e forse soprattutto il crescente potere dei media e del sistema della comunicazione, che tende a cancellare ogni residuo spazio di autonomia e pregiudica la libertà propria della figura dell'intellettuale critico tradizionale."

Qual è la vostra opinione? Secondo voi qual è o quale dovrebbe essere il ruolo degli intellettuali nella società contemporanea?

6. Slow Food è un'associazione internazionale nata in Italia nel 1986. Al centro del suo impegno c'è la necessità dell'educazione del gusto come migliore difesa contro la cattiva qualità e contro l'omologazione. Slow Food "opera per la salvaguardia delle cucine locali, delle produzioni tradizionali, delle specie vegetali e animali a rischio di estinzione; sostiene un nuovo modello di agricoltura, meno intensivo e più pulito". Che cosa ne pensate? Quanto ha influito l'omologazione alimentare sulle vostre abitudini? Che valore date alla tradizione culinaria del vostro Paese e alla qualità del cibo?

SOLUZIONI DELLE PROVE D'ESAME

Ascoltare e Leggere

PRIMA PROVA D'ESAME C2

Ascoltare
Prima parte: 1; 2; 4; 5; 6; 7; 10; 11; 16; 18.
Seconda parte: 1V; 2V; 3V; 4F; 5F; 6F; 7F; 8V.
Terza parte: 2; 3; 5; 8; 10; 12; 13; 15; 18; 20.

Leggere
Prima parte: 1; 3; 5; 6; 7; 9; 12; 14; 16; 18.
Seconda parte: 1a; 2b; 3c; 4a; 5c; 6b; 7b; 8a; 9b; 10c.
Terza parte: 1b; 2c; 3b; 4c; 5c; 6c; 7a; 8a; 9a; 10c.

SECONDA PROVA D'ESAME C2

Ascoltare
Prima parte: 1V; 2F; 3V; 4V; 5F; 6F; 7V; 8V; 9V; 10V.
Seconda parte: 3; 5; 7; 10; 11; 12; 13; 14; 15; 18.
Terza parte: 1c; 2a; 3b; 4a; 5c; 6b; 7a; 8c; 9b; 10b.

Leggere
Prima parte: 1; 3; 4; 7; 9; 10; 11; 13; 15; 17.
Seconda parte: 1a; 2b; 3b; 4a; 5c; 6a; 7b; 8a; 9b; 10a.
Terza parte: 1c; 2c; 3b; 4c; 5b.

CHIAVI DELLE ESERCITAZIONI DIDATTICHE

1. Quante ~~le~~ volte abbiamo detto o sentito dire: "È stato ~~l'~~amore *a* prima vista!". Così è stato anche per ~~il~~ mio padre e ~~la~~ mia madre. Lo stesso può succedere per l'amicizia. Come e più <u>dell'</u>amore, a determinare le scelte sono i primi minuti <u>di</u> conoscenza, ~~i~~ quelli che bastano a "riconoscere" l'interlocutore, a decidere se ci assomiglia e se desideriamo creare **un** rapporto con lui. Il resto <u>del</u> tempo ha soltanto lo scopo di confermare questa ~~l'~~intuizione, anche quando potrebbe rivelarsi inesatta. **Una** ricerca <u>della</u> *Ohio State University* documenta quel meccanismo di "una veloce previsione <u>di</u> ciò che si ha in comune" che caratterizza il primo incontro tra ~~i~~ due esseri umani. Indipendentemente <u>dal</u> sesso <u>dell'</u>altro, uguale o meno <u>al</u> nostro, il cervello si mette <u>al</u> lavoro e analizza <u>in</u> pochissimi minuti **gli** elementi che contraddistinguono l'individuo che abbiamo di fronte, ce li trasmette e provoca <u>in</u> noi ~~i~~ gesti che <u>a</u> loro volta aiutano l'instaurarsi di **un** rapporto favorevole.
~~La~~ Questa scoperta, che solo apparentemente fa ~~la~~ parte <u>dell'</u>esperienza comune, è invece destinata, secondo gli scienziati americani, <u>a</u> "sovvertire" tutto ~~il~~ ciò che si era creduto fino ad ora <u>a</u> proposito <u>dell'</u>amore e <u>dell'</u>amicizia, ritenuti ~~i~~ sentimenti basati, almeno <u>nei</u> casi migliori, <u>sullo</u> scambio duraturo e <u>su</u> affinità profonde.
Intervistando **i** propri studenti <u>a</u> distanza <u>di</u> tre, sei e dieci minuti <u>in</u> merito <u>alle</u> proprie impressioni <u>sulla</u> persona appena conosciuta, gli psicologi <u>della</u> Ohio University hanno rilevato **le** previsioni <u>sulla</u> possibilità di diventare ~~gli~~ amici che, ~~le~~ nove settimane dopo, si sono rivelate perlopiù esatte. E confermate, più tardi, anche da lunghe frequentazioni. ~~La~~ Gabriella Pravettoni, ~~la~~ docente <u>di</u> Psicologia Cognitiva <u>all'</u>Università <u>degli</u> Studi <u>di</u> Milano, spiega: "~~Il~~ Ciò che avviene quando guardiamo per **la** prima volta **un** altro essere umano si chiama "frame", ~~la~~ cornice. Noi "incorniciamo" l'interlocutore e, molto <u>in</u> fretta, capiamo se può essere ~~il~~ nostro amico oppure no a partire <u>da</u> dettagli come il suo abito. <u>A</u> questo punto, se **la** decisione è stata positiva, da quel momento <u>in</u> poi cambiare ~~l'~~idea non sarà facile, anche perché detestiamo smentirci". In **un** certo senso, dunque, i primi dieci minuti - <u>in</u> amicizia come <u>in</u> amore - "rappresentano **una** trappola", avverte **la** Pravettoni. "Da quel momento <u>in</u> poi - spiega la psicologa - tutto ~~il~~ ciò che facciamo **a** livello cognitivo non è ~~l'~~altro che ~~un~~ cercare di confermare la nostra prima ipotesi".
Ma la scienza italiana si dissocia, almeno su **un** punto <u>dalla</u> ricerca americana: "~~Le~~ Nove settimane sono davvero poche per parlare <u>di</u> amicizia, **un** vincolo che può essere verificato soltanto <u>in</u> tempi più lunghi e passando attraverso ~~i~~ momenti difficili che mettano <u>alla</u> prova ciò che siamo disposti <u>a</u> fare per l'altro". E lo psicoterapeuta Giuseppe Rescaldina risponde ad un'altra grande domanda <u>sul</u> tema: l'amicizia <u>a</u> prima vista e poi <u>nel</u> tempo, può esistere anche tra ~~l'~~uomo e ~~la~~ donna? "Sì. <u>Nelle</u> donne l'istinto materno prevale e, tra ~~gli~~ adulti, sono capaci di viverlo <u>in</u> modo più sereno e distaccato. Il risultato è spesso eccellente, soprattutto per noi!"

2. lavabiancheria, stendibiancheria; apribottiglie; asciugacapelli, fermacapelli; fermacarte, portacarte; portacenere, posacenere; portachiavi; rubacuori; stuzzicadenti; scendiletto, scaldaletto; asciugamano, corrimano; apriscatole, rompiscatole; passaporto.

3. **s-**: *scontento*, scomodo, scortese, scostante, sfortunato, sgradevole, svantaggioso; **dis-**: *disattento*, disinformato, disonesto, disordinato, disorganizzato; **in-**: *inadatto*, inaffidabile, inattivo, incapace, incoerente, incolto, inconsistente, incompetente, incredibile, indegno, indipendente, infedele, infelice, inospitale, insensibile, insicuro, insufficiente.

4. *illegale*, **sleale**, illeggibile, illegittimo, illogico, immaturo, **femmina**, immobile, immorale, immortale, impaziente, impopolare, impossibile, **ricco**, improbabile, irragionevole, irrazionale, irresponsabile, irrilevante, **morbido**.

5. imbranato, impegnato, imperiale, imponente, importante, impressionante, impulsivo, incantato, industriale, informato, infuocato, ingegnoso, ingombrante, inquietante, integrale, interessante, intonato, invadente, inviato, invidioso.

6. a) *curiosa storia*, nuovo film, misteriosi cerchi, grandi disegni, volto inquietante, essere alieno, messaggio cifrato, domanda cruciale, singolare fenomeno, enigmatici disegni, cerchi perfetti, enormi figure, mente pensante, vecchi messaggi, semplice ragionamento, essere umano, complicati macchinari, alacri volontari, arzilli pensionati, ipotesi ufologica, dura sconfessione, giornale britannico, dimostrazione pratica, circoli perfetti, forme geometriche, particolare operazione, scoop giornalistico, breve telefonata, cerchio misterioso.
   b) **Prima del nome**: cruciale, pratica, geometriche;
   c) *diversi giornalisti = molti giornalisti, giornalisti diversi = giornalisti differenti rispetto ad altri*; lunga ricerca = ricerca che richiede molto tempo, ricerca lunga = ricerca che raccoglie molti dati; povero ufologo = ufologo sfortunato, ufologo povero = non ricco; grande libro = libro importante, libro grande = libro di molte pagine.

7. Sono 120 gli anni **della** pizza margherita, ma non li dimostra. Oggi Napoli ha voluto omaggiare uno **dei** suoi simboli distintivi **con** una grande festa. Un corteo di figuranti in abiti **dell'**Ottocento ha accompagnato lei, la regina Margherita di Savoia, impersonata da una modella **dagli/con gli** occhi azzurri, con indosso un candido vestito bianco e seduta su una carrozza **d'**epoca.
   In corteo sino **alla** storica Pizzeria.
   Giunti in piazza del Plebiscito insieme **all'**assessore provinciale uscente Francesco Emilio Borrelli, i figuranti si sono diretti verso la "Pizzeria Brandi", dove ancora oggi si espone il documento ingiallito firmato **dal** Gran capo dei servizi di tavola di casa Savoia in cui si legge tutto l'apprezzamento della regina **per** l'alimento inventato **dal** popolo napoletano. E lì che due "marinai" hanno offerto la pizza **alla** regina Margherita che, dopo averla piegata "a portafoglio", l'ha mangiata rigorosamente **con** le mani. Tante persone hanno seguito la manifestazione, **dai** turisti **ai** semplici curiosi.
   Anche i numeri per il superenalotto.
   Per gli amanti **del** superenalotto c'è anche la sestina **della** pizza: 20-24-53-55-75-13, tutti numeri legati alla festa e **all'**alimento che oggi compie gli anni.

8. 1) A caval donato non si guarda **in** bocca. Quando si riceve un regalo bisogna evitare di fare critiche. 2) Al cuore non **si comanda**. Non è possibile imporre regole ai sentimenti. 3) A tutto c'è rimedio **fuorché** alla morte. Nessuna situazione, per quanto sia tragica, è irrisolvibile eccetto la morte. 4) Chi dorme non piglia **pesci**. Se non ci si dà da fare e non ci si mette all'opera, ciò che si otterrà sarà pari a zero. 5) Chi è causa del suo mal pianga **se stesso**. Ognuno è libero di sbagliare, ma dopo è giusto che si prenda le proprie responsabilità. 6) Chi non beve **in compagnia** o è un ladro o una spia. Chi non condivide ciò che ha con gli altri non è una persona onesta. 7) Chi si contenta **gode**. Chi sa trovare la giusta dimensione alla propria vita, può apprezzare ciò che ha, mentre chi si pone obiettivi eccessivi, passerà la vita ad inseguire qualcosa che non troverà mai, e non godrà delle cose di cui già dispone. 8) Chi tardi **arriva** male alloggia. Chi giunge quando il momento giusto è passato trova un posto scomodo o non ne trova affatto. 9) **Finché** c'è vita c'è speranza. Non bisogna mai perdere la speranza, se non di fronte alla morte. 10) Morto un papa **se ne** fa un altro. Nessuno

chiavi delle esercitazioni didattiche

è indispensabile. 11) Tutti i nodi vengono **al** pettine. Prima o poi, si pagano le cattive azioni compiute e prima o poi, dovremo affrontare le difficoltà rimandate.

9. Leggere sempre l'etichetta presente sui prodotti confezionati: se **viene posta** particolare attenzione alla data di scadenza, alle temperature e alle modalità di conservazione, tutto andrà per il meglio. Ricordarsi che i prodotti refrigerati, surgelati e congelati *vanno acquistati* per ultimi, portati a casa rapidamente e riposti subito in frigorifero o nel congelatore. Quando si scongelano, i surgelati non **vanno** più **ricongelati**. (…)

   Il pesce fresco **va mantenuto** ad una temperatura compresa tra zero e quattro gradi.

   Quando i prodotti della pesca congelati e surgelati, compresi i molluschi (cozze, vongole, ecc.) **vengono rimessi** negli appositi banchi frigo per la conservazione, la temperatura deve essere inferiore ai meno18°C. I prodotti di gastronomia precotti (pollo arrosto, arrosti di carne) **vanno** invece **posti** in appositi banchi - separati dagli alimenti crudi - a temperatura di refrigerazione.

   La confezione non **va** rovinata. **Vanno evitate** lattine ammaccate e dilatate, pacchetti strappati o deformati, sigilli di sicurezza danneggiati, scatole bombate o con fessure. (…)

   Per un'adeguata conservazione, **va evitato** il contatto tra cibi crudi e cotti, una precauzione questa che riduce il rischio del passaggio di batteri da un cibo all'altro.

   Carni, pollame e pesce crudi **vanno conservati** nella parte inferiore del frigorifero, i cibi cotti sui ripiani superiori.

   I cibi caldi non **vanno riposti** in frigorifero perché causano un aumento delle temperatura interna della cella.

   Gli alimenti in scatola **vanno messi** in un luogo pulito, fresco e asciutto.

10. a) *L'arte* è un gioco, e come in tutti i giochi, all'inizio bisogna mettersi d'accordo **sulle** regole. L'artista, sempre, **dà** istruzioni al **pubblico** sulle convenzioni attraverso **le** quali deve leggere la sua opera. Sono regole **nascoste** nel testo, un tavolo **da** gioco su cui ogni oggetto posato **acquista** un segno preciso, diverso dal solito. **Lo** stile, in genere, serve **proprio** a questo: a stabilire una **coerenza convenzionale** e una **gerarchia** delle carte **da** gioco.

    b) che, si sveglia, di, dopo, che, addirittura, quello, da, facilmente, che, stringendola, davanti, guidandola, all', quando, incominciasse, dicendo, una volta;

    c) chiese, Mostrò, mostrò, rispose, si agganciò, si interruppe, disse, fu, appuntò, cominciò, entrò, andò, fu, C'è stato.

11. a) *Dovevo*, danno, fossi stato, sarei potuto, Avrei potuto, assecondando, Avrei *cioè* dovuto, mettermi, ci fosse stato, ho agito, lenire, costringendo, raccontarmi, Dovevo, potevo, amavo, era, fu, fu, andava, si immergeva, Essere, si esprime, può, era, avevo vista, voglio, si stampa, voglio, era diventata, ci vedemmo, era venuta, fu, andò, tenendoci, fosse venuto, dissi, vuole, disse, fosse, Avrei, avevi detto, pensarci, aveva, dava, avessi *già* capito, avesse, dissi, chiarisce, dovresti, conoscendomi, sapevo, conosci, mi annoio, hai lasciato, si rifiuta, scappare, ho detto, durerà, andrà, finirà, È, finisca, vada, voglia, continui, faccio, possa, ha, può;

    b) *A un certo punto del pranzo gli parve che fosse venuto il momento buono e le chiese se le piaceva fare l'amore con quel ragazzo.* Silvia fece una lunga pausa e poi disse semplicemente e candidamente che le piaceva e non le piaceva, che lui sapeva come era fatta, aveva le sue difficoltà. E poi non si trattava di una faccenda sessuale, magari fosse stato così. Avrebbe avuto le idee più chiare. Allora lui le disse che lei non gli aveva detto che faceva l'amore e lei chiese che importanza avesse. Anche lui pensava che non avesse importanza, ma disse che aveva importanza perché chiariva le cose. Silvia ripeté che non chiariva nulla, che l'aspetto sessuale non aveva nessuna o pochissima importanza e che lui avrebbe dovuto saperlo conoscendola. Lui lo sapeva, ma lo stesso voleva sapere e le chiese se allora si fosse innamorata, per così dire, sentimentalmente. Lei rispose che era semmai così, la conosceva. Lui chiese ancora in che senso, in che modo (si fosse innamorata). Silvia rispose che era una cosa provvisoria, glielo aveva detto, una cosa che sarebbe durata un paio di mesi, poi lui sarebbe andato al mare come tutti i ragazzi e la storia sarebbe finita. Lui allora le chiese se desiderava che la storia finisse lì o se andasse avanti.

12. *fu assassinato*, guardò, aprendo, lasciava, risaliva, cercando, fu preso, fosse, fosse *già* passata, erano, vide, dormiva, era, sentendo*lo*, era andata, aveva, C'erano, restavano, uscì, allungando, aspettando, passava, era, aveva rifiutato, aveva, poteva, Scese, aveva deviato, ripartì, disse, consentiva, sapeva, seguì, ammonendo*le*, riprese, entrasse, si fermò, si avvicinava, era, diceva, sarebbe andato, Raggiunse, si sedette, c'erano, C'era, poteva, potesse, era stata superata.

13. a) *si fosse allargato/allargarsi/trapassato/per quanto*; fossero/essere/imperfetto/come (se); assistesse/assistere/imperfetto/come(se); potesse/potere/imperfetto/come mai; incontrasse/incontrare/imperfetto/come se; fosse/essere/imperfetto/non si sapeva dove; fossero/essere/imperfetto/come (se); accentrasse/accentrare/imperfetto/pareva che.
b) 1/d, 2/l, 3/a, 4/g, 5/c, 6/b, 7/f, 8/h, 9/i, 10/e;
c) *invernale*, autunnale, stagionale, rumoroso, stradale, fortunato, peloso, evidente, minuzioso, pluviale, stellare, movimentato, spettacolare, divertente, colorato, floreale, scolastico, glorioso, contento, accogliente.

14. a) *parlando*, di venire, fosse, potesse, Incuriosita, fossero, presentate, avendo perso, potesse, comparisse, investiti, ad assecondare, negata, a concedere, mirata, ci sia, sia, faccia, per gestire, Venendo, producendosi, di recuperare;
b) 1/L'uso dipende da "immaginavo", 2/ L'uso dipende da "fenomeno che", che introduce una relativa che vuole il congiuntivo, 3/L'uso dipende da "quali", 4/L'uso dipende da "con la speranza che", 5/L'uso dipende da "le dava fastidio che", 6/L'uso dipende da "Mi domando se", 7/L'uso dipende da "Mi domando se", 8/L'uso dipende da "Che la Chiesa": l'uso del congiuntivo è necessario perché la dipendente precede la principale.

15. *Ma Luciano era dispiaciuto soprattutto per Olga. Le telefonava a casa ogni sera. Le chiese se davvero voleva fare la commessa in libreria, se era sicura. Olga rispose chiedendogli se pensava che fare la cassiera in un supermercato fosse tanto meglio. Lui aggiunse che era più dignitoso.* Disse che lei aveva un dottorato in filologia romanza e le chiese se se ne rendesse conto. Pensava che se fosse andata a fare la libraia si sarebbe svenduta. Sarebbe diventata una specie di fiore all'occhiello per loro, ma non l'avrebbero pagata in proporzione. Sarebbe stato uno sfruttamento bello e buono, per quei quattro soldi che le avrebbero dato. Aggiunse che i colleghi della libreria l'avrebbero guardata storto perché era troppo colta. Le diceva di augurarsi di non avere un direttore ignorante. Disse che avrebbe subito tante umiliazioni se le fosse capitato come direttore del negozio un invidioso che si sarebbe vendicato perché lei la sapeva più lunga di lui.
Olga rispose che in supermercato non aveva grandi soddisfazioni. Luciano pensava che fosse più rispettoso verso di lei. Lì almeno avrebbe dato né più né meno di quello che le chiedevano. Non avevano mica assunto un genio della matematica per sommare i prezzi dei detersivi.
Olga gli chiese se fosse mai stato seduto per ore a passare codici a barre sul lettore ottico, se avesse mai provato a cercare di rimanere concentrato in tutti i modi su un gesto ripetuto mille volte al giorno, perché se si fosse distratto e avesse dato il resto sbagliato glielo avrebbero scalato dallo stipendio. Luciano le chiese scusa per la sera precedente e per il giorno prima. Le chiese scusa per tutto.

chiavi delle esercitazioni didattiche

Lei rispose che non si doveva scusare, perché era stato quasi divertente, a parte il graffio sulla guancia. Quella cretina aveva le unghie lunghe, ma lei era stata stupida a provocarla.
Luciano disse che era tutta colpa sua, lui aveva avuto l'idea degli Etruschi. Olga disse che (l'idea) non era assurda. E poi le era servito provare a mettersi in gioco. Anche se erano quattro gatti, non aveva mai fatto qualcosa in pubblico da protagonista. Anche se poi si era ingarbugliata con i nomi.
Luciano rispose che se l'era cavata benissimo, invece. Le chiese se voleva che le dicesse una cosa. Olga gli chiese di dirgliela. Lui le disse che gli avevano fatto i complimenti. Una delle signore anziane.
Lei gli chiese se fosse stata quella a cui avevano rovesciato addosso il vino. Lui rispose di no, era stata l'altra. Gli aveva telefonato quella sera.
Olga gli chiese se lo conosceva. Luciano rispose di no e disse che era molto formale e che si era scusata cento volte perché si era permessa di chiedere il suo numero di telefono. Era rimasta molto impressionata dalla loro recitazione e sarebbe stata molto lusingata di conoscerlo meglio. Avrebbe voluto che chiacchierassero insieme di cultura e di altre cose belle.

16. a) *Martina chiese a Nicola se aveva senso fare una riunione in due. Nicola sostenne che gli dispiaceva tanto, ma chi se ne va ha sempre torto.* Martina disse che appunto, lui se ne andava ogni due minuti in cucina, se proprio avevano deciso di portare avanti questa riunione che almeno stesse seduto e le desse retta. Nicola si giustificò dicendo che stava aspettando che l'acqua si mettesse a bollire, e si alzò di nuovo. Quando tornò dalla cucina le offrì un tè. Martina accettò. Poi chiese come mai Nicola si stesse sbriciolando mezza sigaretta dentro la tazza. Nicola spiegò che stava cercando di smettere di fumare, e aveva pensato che lasciando in infusione un po' di tabacco la nicotina si sarebbe sciolta nell'acqua calda. Era molto più economico che comprare pasticche in farmacia, e l'organismo intanto avrebbe assunto una piccola dose di nicotina senza patire crisi di astinenza. Martina notò che erano finiti a parlare di vizio del fumo, che era l'argomento più banale che ci fosse dopo i segni zodiacali. Nicola le chiese se voleva/volesse assaggiare un po' della sua infusione alla nicotina. Martina ribadì che erano a corto di argomenti, e quello non era bello, in qualità di soci fondatori dell'Associazione non ci stavano facendo una bella figura, ora che le teste pensanti se ne erano andate e che l'Associazione era rimasta in mano a loro due che avrebbero dovuto dimostrare che nessuno era insostituibile, anche per amor proprio, insomma. Riteneva che avrebbero dovuto innanzitutto decidere che cosa fare dopo la scomparsa di Luciano e il trasferimento di Olga. Martina fece ancora sapere a Nicola che Olga aveva deciso di vivere a Milano anche se non l'avessero presa a quella specie di tivù nuova. A costo di fare la lavapiatti non voleva più tornare a casa.

b) *Martina chiede: " Ma ha senso fare una riunione in due?". Nicola sostiene: " Mi dispiace tanto, ma chi se ne va ha sempre torto".*
Martina dice: " Appunto, tu te ne vai ogni due minuti in cucina, se proprio abbiamo deciso di portare avanti questa riunione almeno stai seduto e dammi retta". Nicola si giustifica dicendo: "Sto aspettando che l'acqua si metta a bollire" e si alza di nuovo. Quando torna dalla cucina dice: "Vuoi un tè?". Martina risponde: "Sì. Come mai stai sbriciolando mezza sigaretta dentro la tazza?". Nicola dice: "Sto cercando di smettere di fumare e ho pensato che lasciando in infusione un po' di tabacco la nicotina si scioglie nell'acqua calda. È molto più economico che comprare pasticche in farmacia e l'organismo intanto assume una piccola dose di nicotina senza patire crisi di astinenza. Martina dice: "Siamo finiti a parlare di vizio del fumo, che è l'argomento più banale che ci sia dopo i segni zodiacali". Nicola chiede: "Vuoi assaggiare un po' della mia infusione alla nicotina?". Martina ribadisce: "Siamo a corto di argomenti, e questo non è bello, in qualità di soci fondatori dell'Associazione non ci stiamo facendo una bella figura, ora che le teste pensanti se ne sono andate e che l'Associazione è rimasta in mano a noi due che dovremmo dimostrare che nessuno è insostituibile, anche per amor proprio, insom-

ma. Ritengo che dovremmo innanzitutto decidere che cosa fare dopo la scomparsa di Luciano e il trasferimento di Olga. Olga ha deciso di vivere a Milano anche se quella specie di tivù nuova non dovesse prenderla. A costo di fare la lavapiatti non vuole più tornare a casa."

17. Per rispondere, impiegando, di segnare, -, condotti, -, nel pianificarle e comunicarle, -, mentendo, detta, di essere creduti, Considerando, -, prodotte, di dire, -, mentire, dire, essere, raccontare, -, rappresentato, dette, per evitare, per ottenere, per creare.

18. *sembrava*, emanasse, Era, Guizzava, sfrecciava, si nascondeva, si avventava, Sembrava, sapesse, era, proteggerlo, avrebbe incontrato, cambiare, faceva, trovasse, si occupasse, avrebbe ricordato, pensò, sarebbe morto, pareva, potesse, telefonò, avvolgendolo, ricordava, ripensava, Trascorsero, era, sono venuta, ha avuto, si chiese, capisse, era venuta, portarli, viaggiare, era entrata, avevano, amavano.

19. a) venendo, vedendo, -, esagerando, -, guadagnando, -, manifestando, roteando, sbuffando, scuotendo, rigirandomi, Avendo avuto, distaccandosi, andando, -, essendo rientrati, tenendosi, cercando;
    b) **Funzione modale**: guadagnando, manifestando, roteando, sbuffando, scuotendo, rigirandomi, tenendosi, cercando; **Funzione concessiva**: -; **Funzione causale**: avendo avuto, distaccandosi, rientrando; **Funzione temporale**: *venendo*, vedendo; **Funzione ipotetica**: distaccandosi; **Funzione progressiva**: esagerando, andando.

20. a) Interpretava la crisi della Chiesa, travolta dalla Riforma, mostrando figure sfuggenti e tenebrose. Girolamo Romanino, in mostra a Trento, ha segnato a modo suo il Cinquecento. A dispetto di tutti. Girolamo Romanino? Oggi lo conoscono in pochi, ma quarant'anni fa i più grandi intellettuali italiani lo consideravano uno dei maestri dell'arte del Cinquecento. Per Pasolini il suo talento era superiore a quello di Tiziano, Testori riteneva che avesse anticipato Caravaggio, mentre Guttuso aveva definito il suo realismo "grande e terribile". Giudizi troppo lusinghieri? Non si direbbe, a giudicare dai capolavori provenienti da tutto il mondo riuniti in occasione della mostra *Girolamo Romanino. Un pittore in rivolta nel Rinascimento italiano*, dal 29 luglio nelle sale del Castello del Buonconsiglio di Trento. Cento opere, tra dipinti e disegni, selezionate da Francesco Frangi, Lia Camerlengo, Enzo Chini e Francesca de Grammatica per raccontare l'avventura di Romanino partendo dal luogo in cui ha lasciato la sua zampata d'artista: la volta di una loggia affrescata con scene mitologiche che sembrano uscite dal pennello dei suoi colleghi d'oltralpe come Dürer, Holbein o Altdorfer;
    b) nessuna concessione, deformati, notare, nell'affrescare, guardò, una bottega, pale, Smise.

21. a) *iniziai*, ero, riuscire, mettere, mi accingevo, avrebbe fornito, avrei potuto, avevano disorientato, cercavo, mi accorgessi, sarebbero arrivate, si dimostravano, iniziassi, si dimostrarono, ci impegniamo, fossero, era dedicata, ha *sempre* negato, dovessi, direi, darmi, ringraziare, capissi, comprendevo, comprenda, sia diventato, sarebbe, riservasse, ci sarebbero stati, avessi preso, funzionino, avendo finito, ringraziare, sembra, dirsi.
    b) -, nelle, di, dalla, nella, del, a, con, con, della, di, di, per, del, di, di, con, a, di, di, in, degli, di, nell', degli, nel, in, l', nel, della, di, da, la, con, per, la, della, di, -, la, nella, di, a, la, da, -, a, La, al, del, Per, la, per, per, di, nel, nel, a, di, i, nei, con, da, A, in, del, a, della, Per, dell', il.

22. *Cara Susanna, finalmente ricevi una mia lettera!* Ti prego **di** scusare il mio ritardo. **Mentre facevo** un album con le fotografie di Firenze, mi è venuto **in** mente che non ti ho **scritto** finora.
    Allora, da raccontare ci sono **molte** cose. **Da dove** devo cominciare?

chiavi delle esercitazioni didattiche

In questo periodo **sono** molto stressata a scuola e a **causa** dello stress **avevo** deciso di non **fare** l'esame di italiano. **Siccome** voglio provarlo a giugno, ho **deciso di** leggere **regolarmente** e di abbonarmi ad una rivista di italiano per stranieri.
Quando **sono** ritornata **da** Firenze ho saputo che un **mio** amico era caduto con **un** aereo sportivo e nessuno sapeva se lui **avrebbe potuto** ancora camminare. Ora va molto meglio per fortuna, ma mi **sono** resa conto **di** come la nostra vita può cambiare **velocemente** da un giorno all'altro!
E ora **una** bella notizia: una settimana **fa è** nato mio **nipote**, il figlio **di** mio fratello. È biondissimo e bellissimo. Si chiama Pascal. Devo cercare **di** non viziarlo, ma è molto difficile. È **davvero tenero**. Se solo tu **potessi** vederlo... com'è carino, davvero **te** lo giuro.
E tu? Come stai? Tutto **a** posto? Come **è stato** il tuo Capodanno a Budapest? **Sarebbe** molto interessante **sentire** come va la **tua** vita e spero che tu non **abbia** dimenticato che **sarai/sei** sempre benvenuta **qui**.
Tanti saluti di Maienfeld e **ti** prometto che la prossima volta non **dovrai** aspettare la mia lettera così **a** lungo. Spero pure che noi **potremo vederci il** prima possibile.
Ti **abbraccio** - Sabine

23. a) Frase scissa: È ormai questo che abbiamo capito/Frase non scissa: Abbiamo capito questo; Frase scissa: sono proprio i giovani ad ascoltarlo/Frase non scissa: proprio i giovani lo ascoltano; Frase scissa: l'ipotesi che sia l'I-Pod a creare un inedito autismo non appare affatto assurda/Frase non scissa: non appare affatto assurda l'ipotesi che l'I-Pod crei un inedito autismo; Frase scissa: è l'uso che se ne fa che è preoccupante/Frase non scissa: è preoccupante l'uso che se ne fa.
b) se lo, ce lo, si, trovino, ci, spegne, ce la, qualcosa, lo, ci si, possa, fosse, fosse, che, conferma, nasca, esiste, che, fosse, che, si muove, se ne, esista, ognuno, avverta, qualcosa, muta, al quale, bombardate, *aver*la, *ritrovar*sene, le quali/cui, pare, possa, il quale/cui, insufflare, *animar*lo, ne, rappresentano, ci, ci, servono, *ricordando*sela, la, si, esista, chi, voleva, consigliava, stare, *rifletter*ci, Conoscersi, ci, si pone, li si, vigono, senza, ci, escludano, ci sia, a cui, appartenere, me lo.

24. a) *responsabili*: responsabilità; *chiedessero*: dipende da "quanto"; *a causa di*: considerato che, poiché, dal momento che; *non identificati*: che non sono stati identificati; *per questo*: pertanto, di conseguenza; *compiuti*: che vengono compiuti; *ai quali*: a cui; *tenuto*: che viene tenuto; *nei confronti delle*: contro le, verso le; *C'è ben di peggio di cui occuparsi*: bisogna occuparsi di cose ben peggiori; *ineluttabile*: inevitabile, certo; *Da destra, i cui elettori sono*: cui si riferisce a "destra"; *altrettanto*: ugualmente, allo stesso modo; *Accade*: è questo/ciò (la richiesta di punizioni esemplari); *oscillante*: che oscilla; *sganciandola*: il gerundio ha valore modale; *da ogni*: da qualsiasi, da qualunque; *Così*: pertanto, di conseguenza; *che pur essendo padano*: nonostante fosse padano, anche se era padano; *coloro i quali imbrattano*: quelli che imbrattano, chi imbratta; *per chi fa*: per quelli che fanno, per coloro i quali fanno.
b) *Nonostante la sanzione* sia domiciliare e accompagnata da misure correzionali all'inglese, come mettere mano a pennello e cazzuola per riparare il danno compiuto, sarà considerata eccessiva anche da chi consideri, giustamente, barbaro il vezzo di sfregiare muri e portoni dei centri storici.

appunti

appunti